Amelie Funcke / Axel Rachow

Rezeptbuch für lebendiges Lernen

- Seminare inszenieren
- Spiele einsetzen
- Teilnehmer begeistern

managerSeminare Gerhard May Verlags GmbH, Bonn

Amelie Funcke / Axel Rachow:
Rezeptbuch für lebendiges Training
Seminare inszenieren, Spiele einsetzen, Teilnehmer begeistern

© 2002 managerSeminare Gerhard May Verlags GmbH
Endenicher Str. 282, D-53121 Bonn

Tel: 02 28 / 9 77 91-0, Fax: 02 28 / 9 77 91-99
E-mail: info@managerseminare.de
http://www.managerseminare.de

Alle Rechte, insbesondere das Recht der Vervielfältigung und der Verbreitung sowie der Übersetzung vorbehalten.

ISBN 3-931488-42-X

Druck: DCM GmbH & Co., Meckenheim

Die Trainer-Köche

Amelie Funcke
begleitet Prozesse und ist als Moderatorin, Beraterin und Trainerin tätig.

Axel Rachow
arbeitet als Trainer, Berater und Autor für Trainingsmethodik.

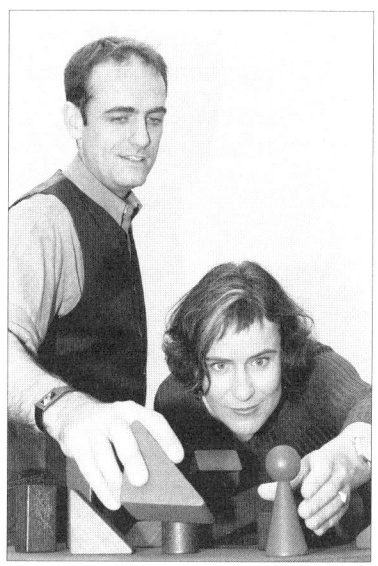

Beide leben in Köln und haben seit den 80er Jahren zusammen auf dem Feld der Seminarmethodik experimentiert.

Dabei haben sie das Spiel als eine lebendige und teilnehmerorientierte Methode in der Bildungsveranstaltung entdeckt und weiterentwickelt.

Heute sind ihre Schwerpunkte lebendig und kreativ gestaltete Personalentwicklungsmaßnahmen und -konzepte für Fach- und Führungskräfte.

Gemeinsam bieten sie die einzige systematische TrainerInnen-Ausbildung für Spiel- und Erlebnismethodik in Deutschland an.

Inhalt

Einleitung	Seite 9
Das R.E.Z.E.P.T. – Modell als Grundschema für Bildungsveranstaltungen	Seite 17
1. R.ichtig anfangen	**Seite 23**
Wie fange ich es richtig an ...	
... als Personalentwickler in der Trainerauswahl?	Seite 23
• Wer spielt, ist nicht normal	24
• Das Know-how von spielenden Trainern	24
• Woran erkenne ich den kundigen Spieler?	25
• Rezept zur gezielten Trainerbefragung	27
... als Trainer in der Akquise?	Seite 31
• Kommunikation mit dem Kunden	32
• Spielkompetenz gezielt präsentieren	33
• Skepsis beim Kunden	34
• Beispiel für eine Demonstration im Kundengespräch	35
• Einwände und Reaktionen	37
... Spiele in das Training einzuplanen?	Seite 41
• Planung als Grundlage	42
• Die Rahmenhandlung als roter Faden	44
• Sport und Olympia als Rahmenhandlung für ein Verkaufstraining	46
• Ansätze für die Planung einer Rahmenhandlung	48
• Systematisches Vorgehen	50
• Checkliste: Planung zum Einsatz von Spielen im Training	53
2. E.ffektiv informieren	**Seite 59**
Wie informiere ich effektiv ...	
... im Training?	Seite 59
• Aussagen über das Lernen	60
• Spielen und Lernen	62
• Grenzen beim Einsatz von Spielen	64

Inhalt

... in unterschiedlichen Seminarphasen?	**Seite 71**
• Phase: Richtig anfangen	72
• Phase: Effektiv informieren	82
• Phase: Passgenau verarbeiten	86
• Phase: Treffend fortsetzen	92
... durch die Auswahl von Spielen?	**Seite 97**
• Empfehlungen: Geeignete Spiele in Bestsellern	98
• Literatur zu Spielen und erlebnisorientierten Trainingsmethoden	100
• Empfehlungen: Fertige Lernspiele	104
• Denk-, Lern- und Wissensspiele selbst entwickeln	112

3. Z.ielgerichtet inszenieren — Seite 117

Wie inszeniere ich gezielt ...

... mit dramaturgischen Elementen?	**Seite 117**
• Spiele verändern Räume	118
• Räume verändern Spiele	123
• Mehr Pep durch Requisiten	127
• Durch Musik verzaubern	130
• Das Drehbuch entwickeln	134
• Themen für Rahmenhandlungen	135
... durch Auswahl und Gestaltung von Materialien?	**Seite 137**
• Wertschätzung ausdrücken	138
• Originell und witzig sein	139
• Animierend wirken	140
• Atmosphäre gestalten und Stimmung erzeugen	141
• Angemessenheit	142
• Bezugsquellen für Spiel- und Kreativmaterialien	145

Inhalt

4.	**E.ngagiert handeln**	**Seite 147**
	Wie handle ich engagiert ...	
	... um TeilnehmerInnen Lust auf Spiel zu machen?	**Seite 147**
	• Fragen Sie sich nicht `Ob?´, sondern fragen Sie `Wie?´	148
	• 8 Appetitanreger, die Lust auf Spiel machen	150
	... in schwierigen Situationen?	**Seite 155**
	• Was sind schwierige Situationen?	156
	• Da stimmt was nicht mit den Rahmenbedingungen	157
	• Da stimmt was nicht mit dem Gruppenklima	158
	• Da stimmt was nicht mit dem Gleichstand bei den Teilnehmern	159
	• Da stimmt was nicht mit einzelnen Teilnehmern	162
	... in der Spielmoderation?	**Seite 173**
	• Spielmoderation – kein Kinderspiel	174
	• 10 Aufgaben in der Spielmoderation	175
	• Stolperfallen bei der Moderation von Spielen	191
5.	**P.assgenau verarbeiten**	**Seite 195**
	Wie verarbeite ich passgenau ...	
	... Lernstoff in Spiele	**Seite 195**
	• Was heißt passgenau?	196
	• Was bewirken passgenaue Spiele?	198
	• Wie funktioniert passgenaues Verarbeiten?	199
	• Beispiele für passgenaues Verarbeiten	201
	... Resultate von Spielen	**Seite 209**
	• Die emotionale Entlastung der TeilnehmerInnen	210
	• Die Auswertungsebenen	212
	• Auswertungsrezepte für Spiele	213

Inhalt

6. T.reffend fortsetzen   **Seite 219**

Wie setze ich treffend fort ...

... mit stimmigen Transfer-Methoden?   **Seite 219**
- Was ist Transferarbeit?   222
- Wie lässt sich der Transfer gestalten?   223
- Vertiefende Anker, Metaphern und Rituale   224
- Unterstützen und begleiten – auch über das Seminar hinaus   227
- Persönliche Erkenntnisse, Vorhaben und Ziele benennen und planen   228
- Transfer braucht Zeit und Raum   231
- Transfer braucht den deutlichen Willen zum Prozess   232

... in Schlusssituationen?   **Seite 233**
- Der individuelle Abschied   235
- Der Abschied von der Gruppe   236
- Der Abschied vom Trainer   237
- Der Abschied vom Thema   238
- Der Abschied vom Seminarort   240
- Besondere Schwierigkeiten der Schlusssituation   241

Einleitung

> „Wer das, was andere als Arbeit verherrlichen, als Spiel liebt, ist deshalb noch kein Arbeitsverderber"
> Reinhold Messner

Das Einkaufszentrum für Trainingsspiele ist groß und vielschichtig, eine Vielzahl von Einzelhändlern hat ein abwechslungsreiches Angebot.

Wenn Sie als TrainerIn das Einkaufen beginnen, begegnen Ihnen
- ungefähr 2.000 verschiedene Texte für Spiele und Übungen, viele davon stellen Variationen von Grundideen dar und sind somit Überschneidungen, die Sie dann unter anderen Titeln wiederfinden,
- ca. 300 aktuelle Trainingsbücher mit praktischen Tipps und weiteren Übungen,
- im Laufe der Trainerjahre dutzende fotokopierter Tipps von Trainerkollegen,
- Fachzeitschriften wie managerSeminare, management & training und wirtschaft & weiterbildung, die von Zeit zu Zeit praktische Tipps veröffentlichen, genau wie die Organe einzelner Weiterbildungsverbände,
- Spiele in Train-the-Trainer Workshops (ca. 10 – 20 je Workshoptag und Anbieter),
- über die ganze Republik verstreute Verlage und einzelne Trainingsinstitute, die spezielle Trainingsspiele anbieten,
- letztendlich natürlich Ihre kreativen Eigenentwicklungen!

So viele Spiele! So viele Seminar-Zutaten! Und doch suchte man bisher vergeblich nach einem begleitenden Rezeptbuch, das Tipps darüber enthält
- wie man die Spiele im Training am besten anrührt,
- wie man die Gäste (Teilnehmende, Auftraggebende) an den Tisch bekommt,
- wie die Spiele in ein Trainingsmenü passen und wie dieses aufgebaut sein kann,
- wie eine ansprechende Tischdekoration aussieht

Einleitung

Das Spiel als Zutat im Seminar

In der pädagogischen und psychologischen Fachliteratur taucht immer wieder die Diskussion auf, was ein Spiel eigentlich ist.

Kontrovers diskutiert wird dabei das Kriterium der Zweckfreiheit: Darf ein Spiel nur dann Spiel genannt werden, wenn damit keinerlei Zweck verfolgt wird?

Trainingsspiele sind stets ziel- und wirkungsorientiert.

Für unsere Arbeit und für dieses Buch gilt eindeutig: Nein! Unsere Spiele verfolgen alle einen Zweck – genauso wie jedes Training an sich schon einen Zweck verfolgt: Jedes Trainingsspiel darin hat sein Ziel und auch seine erwünschte Wirkung.

Grundsätzlich setzen wir im Seminar nur Spiele ein:
- die im Kontext Sinn machen und einen situativen Bezug haben
  und
- deren Sinn wir auch transparent machen können.

Seit wir in der Bildungsarbeit tätig sind, beeindruckt uns der Nutzen und die Lebendigkeit, die durch Trainingsspiele in Gruppen erzeugt werden können. Viele Situationen lassen sich durch den Einsatz von Spielen einfacher und für TeilnehmerInnen wie TrainerInnen nachhaltiger gestalten.

Am Anfang war es der Effekt, der uns verblüffte, mit der Zeit wurde daraus die Suche nach den dahinterliegenden und erfolgsrelevanten Prinzipien.

Einleitung

Warum funktionieren und wirken Spiele so gut und wie können wir die dahinter liegenden Prinzipien auch für andere Situationen im Training nutzbar machen?

Ein Erfolgsprinzip ist der **Dreiecks-Effekt** von Spielen:

TrainerIn, TeilnehmerIn und Spiel bilden das unsichtbare Dreieck. Wenn ein Thema über ein Spiel transportiert wird, so wird das Spiel als Sache in den Fokus gerückt.

TrainerInnen und TeilnehmerInnen können Reflexion und Feedback mit Blick auf das Spiel auf die Sache zentrieren. Nicht der Teilnehmer als Person hat sich z.B. hinderlich verhalten, sondern der Rolleninhaber im Spiel.

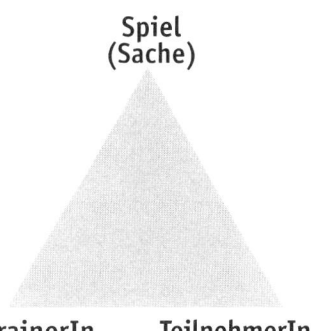

Nicht die Seminarleitung hat schlecht geplant, sondern das Spiel hat diesen Verlauf genommen. Kränkungen werden vermieden und der gegenseitige Respekt gefördert. Gerade bei potentiell konfliktträchtigen Themen wie zum Beispiel Kooperation und Teamarbeit, ermöglicht das Arbeiten mit Spielen eine kränkungsarme Reflexion.

Was ist Spiel?

Wir benutzen das Wort Spiel recht großzügig. Als Spiel bezeichnen wir:
- eine Übung oder Aufgabe mit spielerischem „So-tun-als-ob"-Charakter,
- das Erschaffen und sich Bewegen in einer fiktiven Welt,

- das Bearbeiten eines Themas auf einer anderen, spielerisch-kreativen Ebene,
- Handlungen oder Denkvorgänge, die in ihrer Art nicht dem gesellschaftlichen Alltag entsprechen oder Teile daraus karikieren.

Damit Spannung und Freude aufkommt, müssen Spiele:
- Neugierde entfachen
- Überraschungen bieten
- Problemlösungsverhalten stimulieren
- Momente von Ungewissheit und Risiko enthalten.[1]

Guts Muths formuliert 1796 seine Anforderungen, was Spiele leisten sollen:
- Auf irgendeine Art vorteilhaft sein,
- den Körper bald mehr, bald minder bewegen und die Gesundheit befördern,
- Schnelligkeit, Kraft und Biegsamkeit in die Glieder bringen,
- bald diesen, bald jenen Sinn in lebhafte Tätigkeit versetzen,
- unterhaltsam sein, bald Ehrliebe, bald die Tätigkeit spannen, bald gegen Empfindlichkeit abstumpfen, Geduld prüfen, Besonnenheit und Mut auf die Probe stellen,
- Übung sein für Beobachtungsgeist, Gedächtnis, Aufmerksamkeit, Phantasie, Verstand.[2]

Damals wie heute wurde das Spiel in erster Linie Kindern und Jugendlichen zugeschrieben und als Erziehungsmittel verstanden. Merkwürdig – sind all diese Ziele für Erwachsene im Beruf denn nicht erstrebenswert? Verblüffend ist für uns die ständige geistige Nähe von Spiel- und Arbeitswelten. Nicht allein durch den von uns geleisteten Transfer, sondern auch dadurch, wie die TeilnehmerInnen die Spiele selber bewerten. Da wird aus Spiel sehr schnell Ernst, Parallelen werden deutlich und die Grenzen zur Realität verschieben sich.

Das, was als Spiel bezeichnet wird, rückt ganz nah heran an die Praxis und spiegelt z.B. Anforderungen an Führungskräfte, Abläufe im Projektmanagement oder Kernkompetenzen der Mitarbeiter.

H. Scheuerl beschreibt, was ein Spiel von den Spielenden verlangt und benutzt dabei Formulierungen, die den Anforderungsprofilen im modernen Management sehr nahe kommen:

„Verlangt wird bei allen Spielen eine Sensibilität für die Selbständigkeit und allzeit gefährdete schwebende Gleichgewichtslage des Spielverlaufs. Man kann ihn nicht einfach willkürlich `in die Hand nehmen´, nicht `machen´. Man muss zu seinem Gelingen behutsame Impulse beitragen und die Antworten der Gegenstände oder Mitspieler, ihre neuen Konstellationen und Konfigurationen abwarten. Dazu ist oft eine gespannte, manchmal geradezu lauernde Aufmerksamkeit nötig, die sich aber nur einstellt, wenn man in allen anderen Beziehungen gelöst und entspannt ist, wenn man nicht krampfhaft und starr etwas durchsetzen will, sondern sich flexibel hält. Das Können des Spielers ist von eigentümlicher, doppelseitiger Art: Er muss nicht nur tun, sondern auch lassen können; er muss beides zugleich im rechten Augenblick."(3)

> „Man findet in Spielen die gleichen Motive und die gleichen sozialen Gefüge wie außerhalb, jedoch ohne die üblichen Lasten und Ärgernisse und ohne die üblichen Risiken und Verwicklungen."(3)

> „Spiel verlangt, dass man sein ganzes Selbst hineinlegt. Mit ganzem Herzen dabei ist. Das erzeugt das Gefühl der Lebendigkeit."(3)

Neben den auflockernden, aktivierenden und stimulierenden Wirkungen ist das Spiel (...) „ein Bereich, der sich von der `ernsthaften´, festgelegten und festlegenden Wirklichkeit und ihrem hohen Verbindlichkeits- und Wirkungscharakter abhebt. Es ist eine andere Wirklichkeit mit anderen Funktionen und Wirkungen: unverbindlicher, offener, freier. In Bezug auf die Wirklichkeit ist das Spiel eine `lebendige Hüllschicht´, die sich um den Wirklichkeitskern lagert. Diese Hüllschicht, der Raum des Spiels, bildet ein Reservoir an locker gefügten Potenzialitäten, an Möglichkeiten, die realisiert werden KÖNNEN: Wirklichkeitsauffassungen, Wertvorstellungen, Handlungsbereitschaften. Der Spielende vergrößert seine Möglichkeiten. Er erspielt, was alles sein KANN."(4)

Der Spielende erlebt sich im Spiel selbst neu und erweitert auf diese Weise auch das Repertoire seines Denkens und Handelns in der Wirklichkeit.

Diese Erfahrungen werden auch in der Wirklichkeit nicht ohne Folgen bleiben. Hat sich der Spielende im Spiel neu erlebt, bisher verborgene Seiten an sich entdeckt, hat andere Möglichkeiten probiert, zu denken, zu fühlen, zu bewerten und zu handeln, war mit Vorgehensweisen erfolgreich oder ist gescheitert, so erweitert das auch sein Repertoire des Denkens und Handelns in der Wirklichkeit. Besonders deutlich wird dieser Vorgang dann, wenn ein Transferanlass geschaffen wird, z.B. bei der Reflexionsarbeit im Anschluss an kooperative Teamaufgaben. Der Prozess geschieht nämlich dann öffentlich, und nicht im Verborgenen. Er wird durch die Spielleitung angeleitet und so ins Bewusstsein gerückt.

Das R.E.Z.E.P.T. – Modell

Um diesem Buch Klarheit und Struktur zu geben, haben wir, angelehnt an Schemata zum Aufbau von Seminaren, das R.E.Z.E.P.T. - Modell entwickelt. Es dient uns doppelt: Als roter Faden und Orientierungshilfe für unser Buch und als Grundschema für den Aufbau von Bildungsveranstaltungen. Letzteres ist vor allem deshalb bedeutsam, weil Seminare und Trainings Phasen unterliegen, für die, will man Spiele einsetzen, jeweils grundlegend andere Anforderungen gelten.

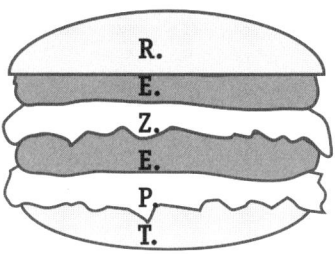

Das R.E.Z.E.P.T. – Modell als roter Faden im Buch

Etwas abgewandelt und zum Teil mit weiteren Zutaten angereichert haben wir R.E.Z.E.P.T. als Struktur und Rahmenhandlung für dieses Buch aufbereitet. Schnell lag uns die Analogie zur Küche auf der Zunge und so wurde das Bild der (Koch)- Rezepte der rote Faden, der sich nun als Spiel im Spiel durch das ganze Buch zieht. Es hätte auch ein anderes sein können, aber uns kam es darauf an, überhaupt exemplarisch eine Rahmenhandlung zu zeigen und durchzuspielen. Denn genau diesen Anspruch formulieren wir immer wieder an den gekonnten Einsatz von Spielen im Seminar: Es reicht nicht, ein Spiel einzusetzen – auf das WIE, auf die stimmige Einbindung und den thematischen Bezug kommt es an.

Rezept zum Umgang mit diesem Buch
Wie ein traditionelles Rezeptbuch lässt sich auch dieses Buch lesen: Schlagen Sie im Inhaltsverzeichnis nach, worauf Sie Appetit haben und dann lesen Sie den entsprechenden Teil. Querverweise führen Sie konsequent zu verwandten Themen. Es gibt kein Kapitel, das Sie gelesen haben müssen, um ein anderes zu verstehen. Denn alle Themen sind in sich abgeschlossenen und mit für sich stehenden Texten aufgebaut. Querlesen oder auch sich schnell einen Rat holen sind dadurch möglich: So werden Sie als Feinschmecker oder Fast-Food-Liebhaber gleichermaßen auf Ihre Kosten kommen.

Wir wünschen Ihnen einen guten Appetit und viel Freude beim Genießen unserer R.E.Z.E.P.T.e.

Amelie Funcke
Axel Rachow

(1) HECKHAUSEN in: FRITZ, Jürgen: Theorie und Pädagogik des Spiels. Juventa Verlag, Weinheim und München 1991
(2) MUTHS in: FRITZ, Jürgen: Theorie und Pädagogik des Spiels. Juventa Verlag, Weinheim und München 1991
(3) SUTTON-SMITH in: FRITZ, Jürgen: Theorie und Pädagogik des Spiels. Juventa Verlag, Weinheim und München 1991
(4) SCHEUERL in: FRITZ, Jürgen: Theorie und Pädagogik des Spiels. Juventa Verlag, Weinheim und München 1991

Das R.E.Z.E.P.T. – Modell

Das R.E.Z.E.P.T. – Modell

Mögen Seminare oder Workshops auch noch so unterschiedlich heißen und zusammengesetzt sein, so folgen sie doch in ihrem Aufbau nach alle dem gleichen Grundschema, dass wir Ihnen im

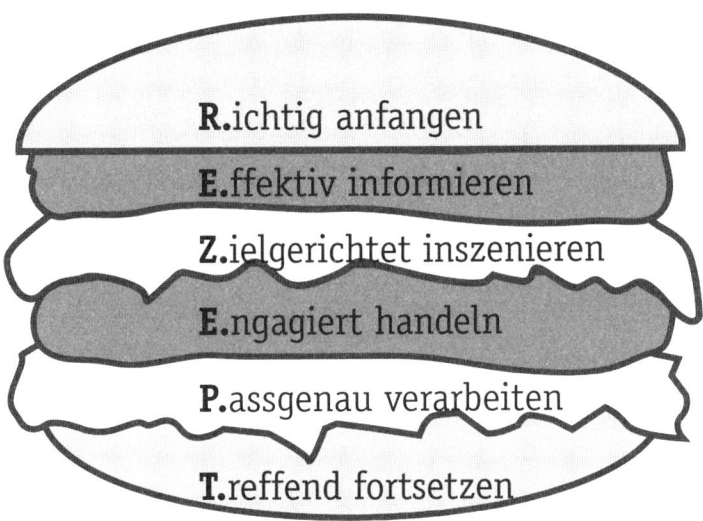

Folgenden als „R.E.Z.E.P.T. – Modell" für Bildungsveranstaltungen schmackhaft machen wollen:

     R.ichtig anfangen
     E.
     Z.
     E.
     P.
     T.reffend fortsetzen

Das R.E.Z.E.P.T. – Modell

Die beiden Brötchenhälften halten Ihre Veranstaltung zusammen: `**R.**ichtig anfangen´ meint den gelungenen Start, eine möglichst günstige Ausgangsposition für Sie und Ihre TeilnehmerInnen. `**T.**reffend fortsetzen´ rundet die Veranstaltung ab, beschreibt die Schlussphase im Seminar.

Dazwischen finden Sie wie Fleisch und Salat die Phasen,

> **R.**
> **E.**ffektiv informieren
> **Z.**
> **E.**
> **P.**assgenau verarbeiten
> **T.**

die sich in den meisten Veranstaltungen wiederholen: `**E.**ffektiv´ wird informiert, Wissen und Erfahrungen vermittelt. In der Phase `**P.**assgenau verarbeiten´ folgen entsprechende Übungen zur Wiederholung, Aneignung und Vertiefung.

Die beiden mittleren Komponenten

> **R.**
> **E.**
> **Z.**ielgerichtet inszenieren
> **E.**ngagiert handeln
> **P.**
> **T.**

ziehen sich als Handlungsmodelle durch alle Phasen hindurch, fließen quasi als Ketchup und Mayo überall ein, wie in unserem Rezept-Burger dargestellt.

Das R.E.Z.E.P.T. – Modell

Spiele und Rezepte im R.E.Z.E.P.T. von Bildungsveranstaltungen

R.E.Z.E.P.T. Komponenten	Ziel und Aufgabe	Spiele und Rezepte
R Richtig anfangen		
Einladung	• Informationen über Organisatorisches 🍞 **Erwartungen wecken** • mit ersten Aspekten des Inhalts vertraut machen • Verhaltensvorgaben (Rollen)	spielerisches Rahmenthema
Warming up	• Begrüßung 🍞 **kennenlernen** 🍞 **Gesprächsbereitschaft wecken** 🍞 **ersten Kontakt herstellen** 🍞 **Erwartungen wecken**	Weltspiele Kennenlernspiele Bewegungsspiele Wahrnehmungsspiele
Motivierung	🍞 **Vorwissen und Einstellungen klären** • Mitbeteiligung an Lernzielen 🍞 **Freude an der Veranstaltung erhalten und stärken** 🍞 **Pausen und Rahmenprogramm gestalten**	spiel. aktivierende Methoden Interaktions-, Kommunikations- und Kooperationsspiele Bewegungs- und Unterhaltungsspiele
E Effektiv informieren		
Informations-präsentation	• Bedürfnisse und Betroffenheit wecken 🍞 **Grundwissen vermitteln** 🍞 **Begriffe klären** 🍞 **Probleme aufzeigen** • Standpunkte hinterfragen • Meinungen herausfordern	spiel. aktivierende Methoden Denk-, Lern- und Wissensspiele Bilder und Metaphern Rollenspiel

Das R.E.Z.E.P.T. – Modell

R.E.Z.E.P.T. Komponenten	Ziel und Aufgabe	Spiele und Rezepte
Z Zielgerichtet informieren		
Material	♟ Akzeptanz schaffen	hochwertige Materialien
	♟ Gelingen sichern	ungewöhnliche Materialien
	♟ Wertschätzung ausdrücken	Material mit Effekten
	♟ Humor fördern	Materialien mit Bezug zu Teilnehmern oder Thema
		große Formate, ansprechende Visualisierung, Laminierung
Dramaturgische Elemente	♟ Animieren	Räume verändern
	♟ Motivieren	passende Requisiten verwenden
	♟ Atmosphäre gestalten	Musik auswählen
	♟ Gruppenklima gestalten	
	♟ Lernbereitschaft fördern	
E Engagiert handeln		
	♟ Teilnehmer animieren und motivieren	Experimentierfreude ansprechen
	♟ Prozesse beobachten und steuern	Orientierung und Transparenz schaffen
	♟ Schwierigkeiten meistern	situationsgerecht, flexibel reagieren
	♟ Mit Konflikten umgehen	sorgfältig planen
		Klärung herbeiführen
		integrierend wirken

Funcke/Rachow: Rezeptbuch für lebendiges Training – ©2002 managerSeminare

Das R.E.Z.E.P.T. – Modell

R.E.Z.E.P.T. Komponenten	Ziel und Aufgabe	Spiele und Rezepte
P Passgenau verarbeiten		
Informations-verarbeitung	♟ **Informationsverarbeitung** • Position beziehen ♟ **Erfolgserlebnisse vermitteln** • Störungen beheben ♟ **Alternativen heraus-arbeiten** • Konsequenzen diskutieren	Plan- und Simulationsspiele Kooperative Spielaufgaben Rollenspiel
Interaktion	♟ **Teilnehmerkontakt aktivieren / steigern**	Selbsterfahrungs- und Vertrauensspiele Interaktionsspiele
T Treffend fortsetzen		
Transfer	♟ **Übertragung in den Alltag**	Rollenspiele Metaphorische Spiele
Evaluation Schluss	♟ **Auswertung** ♟ **Erfolgskontrolle** • Lernzielkontrolle ♟ **Feedback** ♟ **Abschied**	Feedback-Spiele Denk-, Lern- und Wissensspiele Kooperations- und Kommunikationsspiele

Symbolerläuterung:

♟ = leicht erreichbar durch spielerische Methoden

• = hier sind spielerische Methoden nicht so geeignet

(Phasenmodell in Anlehnung an Rabenstein, R. (u.a.): „Das Methodenset")

1 R.ichtig anfangen

> „Ein guter Trainer ist nicht der, der ein Pferd dazu erzieht, eine gute Leistung zu erbringen, sondern einer, der ein Pferd dazu bewegt, dies zu wollen."
> Monty Roberts

Wie fange ich es richtig an ...

... als Personalentwickler in der Trainerauswahl?

Wenn Sie als Personalentwicklerin oder Personalentwickler dieses Buch lesen, werden Sie auf den Geschmack kommen und Appetit auf eine „Nouvelle Cuisine im Training" bekommen: Leicht und gesund soll sie sein, raffiniert darf sie sein, bekömmlich und dennoch nachhaltig sättigend muss sie sein.

Dazu gehören neben den geeigneten Trainingsrezepten natürlich die passenden Trainer-Köche, die sich auch in ihre Methoden-Töpfe gucken lassen. Ein guter „Nouvelle-Cuisine-Koch" wird die von Ihnen vorgegebenen Grundzutaten ideenreich in raffinierte Menues verwandeln.

In diesem Kapitel erfahren Sie:
- Warum spielende Trainer nicht normal sind
- Welches Know-how spielende Trainer so interessant macht
- Woran Sie den kundigen spielenden Trainer erkennen

Wer spielt, ist nicht normal

Spielende Trainer sind nicht normal. Und zwar im besten Sinne. Sie ragen nämlich heraus aus der Norm und heben sich ab von dem Großteil ihrer Kolleginnen und Kollegen.

Neben den gängigen methodischen Standards verfügen sie über besondere, zusätzliche Qualitäten, die Ihre Trainings aufwerten:

Das Know-how von spielenden Trainern

- Sie kennen Spiele für unterschiedliche Themen, Trainingsziele, -phasen und -situationen.
- Sie können diese systematisch planen.
- Sie setzen Spiele gezielt ein.
- Sie leiten Spiele gekonnt an.
- Sie können offene Prozesse initiieren und begleiten.
- Sie geben Einzelnen und Gruppen die Gelegenheit, Spiel- und Erfahrungsräume zu entdecken.
- Sie ermöglichen und unterstützen Prozesse der Persönlichkeitsentwicklung.
- Sie verfügen über Handwerkszeug, das Lernklima zu fördern und Seminarsituationen zu steuern.
- Sie kennen Strategien, Inhalte zu verankern und den Wissenstransfer nachhaltig zu gestalten.
- Sie sind es gewohnt, präsent zu sein und einfühlsam, flexibel und situationsgerecht zu handeln.

- Sie sind Experten für den Aufbau, die Dramaturgie und die Rhythmisierung von Lerneinheiten.
- Sie beherrschen die Kunst des Motivierens.

Trainerinnen und Trainer, die über dieses Know-how verfügen, sind hoch spezialisierte Fachleute. Mit ihrem Wissen und ihren Fähigkeiten machen sie aus Ihrem Training etwas ganz Besonderes. Das Seminar wird zum Aha-Erlebnis.

Spielende Trainer sind hoch spezialisierte Fachleute. Ihr Seminar wird zum Aha-Erlebnis.

Woran erkenne ich den kundigen Spieler?

Bei der Auswahl der TrainerInnen ihrer nächsten Seminare wollen Sie bewusst auf Trainer achten, die sich mit spielerischen, aktivierenden Methoden auskennen und für die Lernen und Spaß zusammengehören. Nicht alle Trainer, die sich Lebendigkeit und Ganzheitlichkeit auf ihre Fahnen schreiben, halten, was sie versprechen.

Den kundigen Spieler erkennen Sie daran, wie er sich mit Spielen auskennt und mit ihnen umgeht. Er weiß, wie Spiele wirken und zu welchen Themen sie passen. Er kann Ihnen glaubhaft machen, wie durch Spiele Inhalte transportiert werden und welche Wirkung dadurch erzielt werden kann.

Kundige Spiele-TrainerInnen suchen nach Anknüpfungspunkten, mit denen sie die Teilnehmer gut abholen können.

Ein kundiger Spieler wird Ihnen Löcher in den Bauch fragen, damit er sich ein Bild machen kann über Ziele, Themen und Inhalte der geplanten Maßnahme ▶ *R.ichtig anfangen ... Spiele in das Training einplanen, S. 41*. Er braucht Informationen über die Menschen, die ihn erwarten, damit er eine Idee entwickeln kann, wie er die

Teilnehmer ansprechen kann, um bei ihnen mit der ungewohnten Methodik Spiel zu „landen".

Vielleicht fragt er Sie, was das eigentlich „für Typen" sind, mit denen er es zu tun bekommt. Vielleicht fragt er Sie nach Geschichten, Ritualen, nach heimlichen Spielregeln, nach der Firmenkultur. Wenn er dies tut, sucht er wahrscheinlich nach Anknüpfungspunkten, nach Ideen für einen roten Faden und eine Rahmenhandlung, mit der er die Teilnehmer gut „abholen" kann. ▶ *Z.ielgerichtet inszenieren ... mit dramaturgischen Elementen, S. 117.*

Natürlich wollen Sie möglichst sicher gehen, dass Sie es mit einem kundigen Spieler zu tun haben.

REZEPT zur gezielten Trainerbefragung

Fragen Sie ...

... nach den Erfahrungen

Ein sachkundiger, sicherer Umgang mit Spielen, das Ausschöpfen ihrer Möglichkeiten, braucht langjährige Erfahrungen, am besten mit unterschiedlichen Zielgruppen, Gruppengrößen und Veranstaltungsformen.

... nach dem beruflichen Werdegang

Werden Sie hellhörig, wenn Ihnen der Trainer von seinen bisherigen Berufsleben erzählt. Wo hat er seine Trainingserfahrungen gemacht? Vergessen Sie Ihre Vorurteile gegenüber Arbeitsfeldern ausserhalb der Wirtschaft. Wer z.B. Erfahrungen aus der Jugendbildungsarbeit mitbringt, hat gelernt seine Seminare lebendig, aktivierend und erfahrungsintensiv zu gestalten.

... nach der Ausbildung

Eine spielpädagogische Ausbildung ist gut, aber kein Garant. Vergessen Sie nicht die begeisterten Autodidakten. Umfassende spielpädagogische Ausbildungen oder gezielte Workshopangebote gibt es beispielsweise

- an der Akademie für musische Bildung und Medienerziehung in Remscheid,

Akademie Remscheid für musische Bildung und Medienerziehung e.V.
Küppelstein 34
D-42857 Remscheid
02191-794-0
Email:
info@akademieremscheid.de

- im Kontext der Suggestopädie
  (z.B. SKILL-Institut in Bammental oder
  Fortbildungen der D.G.S.L.),

Skill GmbH
Hauptstrasse 47
69245 Bammental
06223-970175
Email:
skill.office@t-online.de

DGSL
Deutsche Gesellschaft
für Suggestopädisches
Lehren und Lernen e.V.
Hörlkofener Str. 2
85457 Wörth
08123-991000
Email:
dgsl@compuserve.com

- bei der Arbeitsgemeinschaft für
  Gruppenberatung in Österreich

AGB-Shop
Waidhausenstr. 13
A-1140 Wien
0043-(0)1-9141051
Email:
agbshop@agbshop.at

- Hans Fluri (Brienz/CH)

Spiel- und Kurshotel
CH-3855 Brienz
0041-(0)3651-3545

- Rundum Seminare (Köln)

RUNDUM SEMINARE
Amelie Funcke
Nordstrasse 27
50733 Köln
0221-7607741
Email:
ameliefuncke@netcologne.de

- D.A.R.T. (Köln)

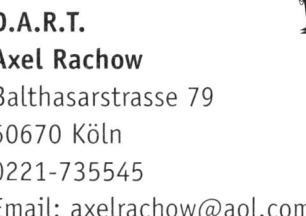

D.A.R.T.
Axel Rachow
Balthasarstrasse 79
50670 Köln
0221-735545
Email: axelrachow@aol.com

- in pädagogischen und sozialwissenschaftlichen Fakultäten (z.B. FH Köln oder Universität Salzburg)

Daneben gibt es auch gute Ausbildungen im Erlebnispädagogischen oder Outdoorbereich. Diese sind aber rein methodisch orientiert und suchen weniger die Vernetzung mit den klassischen Trainingsansätzen. Aber auch hier gibt es neue Impulse, so bietet beispielsweise die TAM in Fulda verstärkt Outdoor-Elemente in ihren Trainerausbildungen an.

... nach Beispielen

Einem kundigem Spieler wird es nicht schwerfallen, Ihnen durch einfache Beispiele seine Arbeitsweise zu vermitteln. Und das am besten jetzt und gleich: Direkt mit Ihnen im Büro und vielleicht holen Sie noch Ihre Assistentin, die Auszubildende und den Praktikanten, die gerade in der Nähe sind.

Achten Sie darauf, wie die Spiele thematisch eingepasst sind und anschliessend reflektiert werden. Denn darin liegt die Kunst. Diese Fragen bringen ein wenig Licht in das Dunkel und ergänzen Ihre Auswahlkriterien. Abrunden können Sie das Gespräch noch durch die simple Frage: **Was verstehen Sie eigentlich unter Spiel?**

Freuen Sie sich auf die Antworten und ein anregendes Gespräch!

1 R.ichtig anfangen

„Wer schon an den saftigen Braten denkt und die Bratendüfte schon in der Nase hat, während er noch auf der Pirsch ist, dem kann es noch passieren, dass von hinten der Bär ihm eins mit der Tatze über die Banatze gibt, so dass es mit dem Braten gar nichts mehr wird"
Joschka Fischer

Wie fange ich es richtig an ...
... als Trainer in der Akquise?

Es ist angerichtet: Die Küche ist gut vorbereitet, die Töpfe stehen unter Dampf und die Zutaten präsentieren sich tagesfrisch. Nun gilt es, Ihr spielerisches Know-how als Qualitätsmerkmal zu verkaufen. Dem Kunden soll das Tagesmenue schmackhaft gemacht werden und er soll begeistert werden auch für andere Gerichte auf Ihrer Speisekarte.

In diesem Kapitel erfahren Sie ...

- Wie Sie Ihre spielerischen Qualitäten im Akquisegespräch am Besten präsentieren
- Welche Hintergründe eine mögliche Skepsis Ihrer Gesprächspartner haben könnte
- Wie Sie darauf reagieren können

Kommunikation mit dem Kunden

Das Wort „Spiel" ist in Verbindung mit Personal- und Management-Trainings unterschiedlich gut gelitten. In Unternehmen, Verbänden und Behörden halten sich Vorurteile und die Vorstellung, bei Spielen (ausgenommen Rollenspiele) könne es sich nur um „Kinderkram" handeln, um etwas, das vielleicht in die Freizeit, keinesfalls aber in das Arbeitsleben gehöre.

Der Wert und die Qualität von Spielen als nützliche Trainingsmethode sind nicht bei allen Personalentwicklern und Weiterbildungsspezialisten gleichermaßen präsent.

Im Kontakt- und/oder Planungsgespräch kommt eine weitere Schwierigkeit dazu: Spiele und ihre Wirkung sind schwer kommunizierbar – erzählt und beschrieben bleiben sie dem Zuhörer fremd und suspekt. Das hängt auch damit zusammen, dass in den Köpfen sehr unterschiedliche Vorstellungen darüber kursieren, was ein Spiel eigentlich ist.
▶ *Spieldefinition in der Einleitung, S. 11.*

Wie also können Sie, wenn Sie als Trainerin oder Trainer Spiele einsetzen möchten, Ihren Kunden von dem Nutzen Ihrer Methodik überzeugen?

Grundsätzlich haben Sie, falls Sie nicht ausdrücklich nach Ihren Trainingsmethoden gefragt werden, zwei Möglichkeiten:

1. Sie sagen, dass Sie Spiele einsetzen.

2. Sie sagen es nicht.

Wir plädieren für ersteres. Denn Seminare mit Spielen zu gestalten ist ein Qualitätsmerkmal. TrainerInnen, die sich mit Spielen auskennen, sind hochspezialisierte Fachleute.

Spielkompetenz gezielt präsentieren

Im Bezug auf die Methodik Spiel sollte Ihr Ziel im Akquisegespräch sein, dem Kunden einen möglichst konkreten Eindruck von Einsatz, Handhabung und Reflexion von Spielen zu geben:

Ein Beispiel zeigen. In der Akquise mit den Gesprächspartnern ein schnelles, geeignetes Spiel durchführen, das Ihrem Kunden die Richtung angibt, von welcher Art Spiel Sie sprechen.

An diesem Beispiel „Vernetzungswege" aufzeigen. Wie verbinden Sie das Spiel mit weiteren Arbeitsschritten, wie hängen Spiel und Inhalte zusammen? In welchen Zusammenhängen lässt sich das Spiel noch einsetzen? Wie lässt es sich variieren?

Unaufwendiges Material präsentieren. Z.B. Fotos, ansprechendes Spielmaterial, Gestaltungsbeispiele (z.B. in der CI eines renommierten Kunden), Spielanleitungen oder Teilnehmerunterlagen. Achtung! Ausreichend Materialien bereithalten, damit jeder Gesprächsteilnehmer gleichwertig behandelt wird.

REZEPT
zur gezielten Präsentation von Spielkompetenz im Kundengespräch

- Ein Beispiel zeigen
- Vernetzungswege aufzeigen
- Material präsentieren
- Spielabläufe visualisieren
- Präsente mitbringen
- Internen Verkauf unterstützen
- Dieses Buch verschenken

Spielabläufe visualisieren. Machen Sie an der Flip-Chart deutlich, wie sich Spiel- und Auswertungsphasen ergänzen oder wie das Setting, die Gruppenaktivitäten oder die Rolle der Spielleitung angeordnet sind.

Spielmaterialien sind geeignete Präsente. Achten Sie auf Hochwertigkeit, animativen Charakter und Plastizität. Wählen Sie ein Präsent, das man nicht einfach wegheften kann, sondern das einige Zeit auf dem Schreibtisch des Entscheiders verweilen wird.

Den internen Verkauf innerhalb der Organisation unterstützen. Erkundigen Sie sich nach den weiteren Schritten bis zur Realisierung Ihrer Trainingsmaßnahme und bieten Sie entsprechend aussagefähige Materialien und Ihre persönliche Unterstützung an.

Dieses Buch als Präsent mitbringen.

Skepsis beim Kunden

Wenn Sie im Kontaktgespräch erwähnen, dass Sie gerne Spiele als Trainingsmethoden einsetzen, müssen Sie mit Skepsis rechnen. Hartnäckig halten sich Vorurteile sowie die Vorstellung, Arbeit und Spiel, bzw. Erwachsene und Spiel gehöre nicht zusammen.

Wir meinen: Der Kunde hat das Recht auf Skepsis. Warum sollte er Vertrauen zu Ihnen haben?

Hinter skeptischen Aussagen können schlechte Erfahrungen, Berührungsängste oder aber Befürchtungen stehen, gegenüber Vorgesetzten, KollegInnen und MitarbeiterInnen das Gesicht zu verlieren.

Immer lohnt es sich deshalb nachzufragen, um die manchmal unkonkreten Aussagen zu verstehen und auf den Punkt zu bringen. Geben Sie dann rasch ein zum Trainingsthema passendes Beispiel. Nichts überzeugt einen Skeptiker mehr als eine engagierte Demonstration. Mit einem geschickt präsentierten Spiel hinterlassen Sie zudem einen einprägsamen Eindruck, ganz anders, als wenn Sie „nur" Papier in Form von Broschüren, Teilnehmerunterlagen oder Trainingsdesigns vorlegen.

Beispiel für eine Demonstration im Kundengespräch

MENUEVORSCHLAG

1. Spiel (Aktion mit den Gesprächspartnern):

SPRECHER, MODELL UND BLINDES HUHN

In Kleingruppen à 3 TN gibt es drei Rollen: Sprecher, Modell und blindes Huhn. Das Modell sitzt in einer selbstgewählten (vielleicht auch komplizierten) Haltung auf einem Stuhl.
Daneben sitzt auf einem zweiten Stuhl das blinde Huhn mit geschlossenen Augen.
Der davor stehende Sprecher hat nun die Aufgabe, dem blinden Huhn Anweisungen zu geben, bis dieses genauso sitzt wie das Modell. Rückfragen des Huhns sind nicht erlaubt.
Die erste Spielrunde endet, wenn der Sprecher mit seinen Erklärungen fertig ist und das Modell sein o.k. zu der kopierten Sitzhaltung gibt.
Zwei weitere Runden schließen sich an, bis jeder TN einmal jede Rolle hatte.

2. Vernetzung/Integration (Präsentation auf Flip-Chart):

Seminartitel: Didaktik und Methodik

Thema: Verständlichkeit

Fragestellung: Was zeichnen verständliche Informationen und Mitteilungen aus?

Ablauf:
- Einführung / Problembeschreibung
- Übung: Sprecher, Modell und blindes Huhn
- Kleingruppenarbeit: Welche Merkmale besitzt „ein verständliches Informieren"?
- Zusammenfassung im Plenum
- Präsentation des Verständlichkeitsmodells (Langer, Schulz von Thun und Tausch)

Einige „typische" Einwände sind uns bei Kunden immer wieder begegnet. Wir haben sie in der folgenden Tabelle zusammengefasst. Daneben finden Sie „rezepthaft" mögliche Reaktionsformen: Greifen Sie sich die schmackhafteste heraus.

Einwände und Reaktionen

Häufige Einwände	Unser Kommentar	So können Sie reagieren
„Das kostet doch Zeit. Zeit ist Geld."	Spiele werden gerne als Zeitfresser angesehen. Die Einwände berücksichtigen nicht die Qualität der im Spiele möglichen Erfahrungen, die – je nach Thema – durch andere Methoden nicht erreicht werden können. In vielen Bereichen gibt es eine Tendenz zu kürzeren Trainings, denen wir nicht durch das Weglassen von Spielen, sondern durch eine Optimierung und passende Variationen der Spiele begegnen.	• „Die Qualität des Spiels steckt im Erleben: Objektiv dauert ein Spiel vielleicht länger, die Intensität der darin gemachten Erfahrungen lässt sich jedoch nicht durch z.B. einen kürzeren Vortrag erreichen." • „Bei vielen Spielen gewinnen Sie sogar Zeit, weil in der Interaktion schneller die kritischen Themen oder Zusammenhänge erreicht werden." • Geben Sie ein Beispiel für eine Trainingssequenz, in der Spieldauer und Reflexionszeit der möglichen Erfahrungen detailliert aufgelistet sind.

1 R.ichtig anfangen ... als Trainer in der Akquise

Häufige Einwände	Unser Kommentar	So können Sie reagieren
„Unsere Leute machen das nicht mit. Glauben Sie mir, ich kenne meine Leute."	Diese Haltung basiert auf einer mangelnden Risikobereitschaft, fehlenden oder negativen Erfahrungen mit Spielen oder einer einseitigen Einschätzung der Mitarbeiter bis hin zur Unternehmenskultur. Hier weisen wir auf die Effekte hin, die wir immer wieder im Umgang mit Menschen in unseren Seminaren erleben: Haben wir das Eis gebrochen, eine stimmige Beziehung aufgebaut und die Sinnhaftigkeit transparent gemacht, wird die Methode Spiel nicht mehr in Frage gestellt.	• „Woran machen Sie das fest? Was genau könnte schwierig werden?" • „Entscheidend ist die Form der Animation, Spiele müssen so angeleitet werden, dass sie begeistern und nicht aufgesetzt wirken." • „Es gelingt mir, den Teilnehmern den Sinn der gemachten Spiele so zu verdeutlichen, dass die Akzeptanz von vornherein gegeben ist."
„Spielen mit Erwachsenen? Kann ich mir nicht vorstellen."	Auch hier gibt es ein Akzeptanzproblem, basierend auf der Einstellung, dass bestimmte Tätigkeiten nur in bestimmte Lebensphasen gehören. Begriffe wie `Spielcasino´, `Computerspiele´, `Olympische Spiele´ oder die `Gesellschaftsspiele´ zeigen hingegen, dass Spiel in unterschiedlicher Ausprägung durchaus eine lustvolle Betätigung von Erwachsenen ist.	• „Im ersten Moment wirken die Spiele oft etwas befremdend oder ungewöhnlich, diese Befürchtungen verlieren die Teilnehmer jedoch rasch im Spiel selbst." • „Der Spieltrieb oder anders gesagt: `die Freude am Experimentieren´ ist tendenziell vorhanden und muss bei manchen Menschen einfach wieder geweckt werden." • „Bei spielungewohnten Gruppen beginnen wir mit spielerischen Methoden, auf die sich jeder gut einlassen kann. Wir beobachten die Reaktionen und gestalten den weiteren Aufbau entsprechend." • Die stärkste Wirkung erzielt ein plastisches Beispiel mit einer ähnlichen Zielgruppe aus der gleichen Branche oder einem `besonders schwierig´ geltendem Teilnehmerkreis.

Häufige Einwände	Unser Kommentar	So können Sie reagieren
„Da haben wir schon negative Erfahrungen mit Trainer X gemacht."	Jede Methode ist so gut wie der Mensch der sie anwendet. Dementsprechend lohnt es sich hier, die negative Begegnung mit Trainer X im Detail zu betrachten. In der Regel ist nämlich nicht „das Spiel" unpassend gewesen, sondern eines oder mehrere Elemente im Kontext seiner Anwendung.	• „Was genau ist in diesem Seminar passiert?" • „Welche Spiele sind eingesetzt worden?" • „Der Erfolg eines Spiels hängt von mehreren Faktoren ab, welche waren denn in der Situation ungünstig?"
„Diese Psychospiele lassen Sie mal lieber weg."	Hier dominiert eine einseitige Zuordnung von Spielen. Fragt man nach, begegnen uns oft unter dem Label `Psychospiel´ Variationen von interaktiven Gruppenexperimenten, die natürlich eine tiefergehende psychologische Komponente besitzen und entsprechend ernsthaft behandelt werden müssen. Gibt es negative Erfahrungen bei der Anwendung von Interaktionsspielen müssen mögliche Ursachen detailliert betrachtet werden. Der entsprechenden Person fehlt unter Umständen ein Eindruck vom Nutzen, der Vielseitigkeit und Bandbreite der im Training einsetzbaren Spiele.	• „Was ist für Sie ein Psychospiel?" • „Welche Spiele sind eingesetzt worden?" • „Was genau ist damit passiert?" • „Der Erfolg eines Spiels hängt von mehreren Faktoren ab, welche waren denn in der Situation ungünstig?"
„Haben wir alles schon versucht. Bringt nichts."	Da fällt uns nichts zu ein. Überhaupt nichts.	• „Geben Sie mir eine Chance."

1 R.ichtig anfangen

„Ja mach' nur einen Plan / Sei nur ein großes Licht / Und mach dann noch 'nen zweiten Plan / geh'n tun sie beide nicht"
Bertold Brecht, Dreigroschenoper

Wie fange ich es richtig an ...

... Spiele in das Training einzuplanen?

Von der Mensaküche bis zum Singlehaushalt machen alle Köche und Köchinnen die gleiche Erfahrung: Mit den Plänen ist das so eine Sache. Von den kleinen, selbstverständlichen Abweichungen einmal abgesehen, können Ihnen die unterschiedlichsten Gründe die Durchführung einmal gefasster Pläne vereiteln. Da stimmt der Garpunkt nicht, oder die Auftauzeit eines Tiefkühlproduktes. Das Soufflee hat seine Bestform erreicht, aber die Gäste sind noch nicht vollzählig erschienen ...

Von der zeitlichen Fehlplanung bis zum Eintritt unvorhergesehener Ereignisse überraschen uns täglich kleine Widrigkeiten. Und oft passiert gerade dann, wenn die Sache felsenfest steht, irgendeine unvorhersehbare Katastrophe, die Ihnen alles über den Haufen wirft.

In diesem Kapitel erfahren Sie:
- Was es heisst, einen Plan zu haben
- Wie Sie eine Rahmenhandlung entwickeln
- Wie Sie systematisch vorgehen können
- Wie unsere Checkliste Sie bei Ihrer Planung unterstützen kann

Planung als Grundlage

Eine gründliche, systematische Planung ist die Grundlage für das Gelingen jedes Seminars. Mit dem Einsatz von Spielen verhält es sich nicht anders.

„Einen Plan haben" ist in zweierlei Bedeutung wichtig:

Einen Plan haben heißt: Sich grundsätzlich auskennen.

1. „Einen Plan haben" heißt, sich grundsätzlich auszukennen mit Spielen. Sie wissen, welche Spiele wie wirken, zu welchen Themen sie passen, welche Erfahrungen sie ermöglichen und wie diese ausgewertet werden können.

   Sie kennen sich aus mit günstigen und ungünstigen Zeitpunkten, wissen, wann Sie im Spielverlauf eingreifen müssen und wann ein guter Augenblick ist, ein Spiel zu beenden. Im besten Fall ahnen Sie, mit welchen Spielen Sie bei welchen Zielgruppen „landen" können. Haben Sie mit „Anpackern" zu tun? Oder mit Leuten, die gerne tüfteln? Oder mit Menschen, die ein Bedürfnis nach Besinnung haben oder Feedback brauchen?

   „Keinen Plan haben" hat Folgen: Sie verschenken eine Menge Potenzial – oder setzen sogar Ihr Seminar in den Sand.

Einen Plan haben heißt: Systematisch und detailliert vorgehen.

2. „Einen Plan haben" heißt auch, den Einsatz von Spielen im anstehenden Seminar systematisch und detailliert anzugehen. Dazu gehören:

   - Themen, Inhalte und Hintergründe klären
   - Ziele planen

- Zielgruppe ergründen
- Rahmenbedingungen checken
- Zeit und Ablauf planen
- Material vorbereiten

TeilnehmerInnen wie Trainierende müssen das Gefühl haben, dass alle Seminarmethoden aufeinander aufbauen, sich ergänzen und in der Summe den zu erwartenden Nutzen bringen. Ein Ideal ist es für uns, mit den Teilnehmern `in Fluss´ zu kommen: Das Thema ist stimmig, das Ziel deutlich und das Engagement der Arbeitenden hoch.

Die Vorgehensweise, die Methoden oder einzelnen Schritte dahin sind dann von untergeordneter Bedeutung. Die eingeplanten Trainingsspiele dürfen nicht `aufgesetzt´ erscheinen, sozusagen als Fremdkörper.

Ein weiteres Ideal ist es, den Anteil an erlebnisorientierten Elementen in Bildungsveranstaltungen so zu dosieren, dass er in einer stimmigen Relation zu anderen Lernmethoden steht. Dadurch wird ein spannungsreicher Ablauf gesichert und auch die unterschiedlichen Lerntypen angesprochen.

Was heißt das für die Planung und Einbindung von Spielen ins Training?

Um Spiele in Seminarkonzepte oder Vorträge einzubauen, brauchen Sie Erfahrungen mit Spielen und ihren Wirkungen, gute Gedankenverbindungen und ein bißchen Übung.

Und einen roten Faden: Eine Rahmenhandlung, eine Metapher, ein Bild oder ein Motto.

Jede Trainingsmaßnahme ist an sich schon ein Spiel.

Jede Trainingsmaßnahme an sich ist schon ein Spiel. Training ist nie die Realität des Arbeitsalltags, sondern eine Abbildung davon. Im Training werden Situationen, Herausforderungen und Aufgabenstellungen simuliert, die den TeilnehmerInnen in ihrer Realität begegnen. Unser Auftrag als Trainer ist es, dieses `Spiel´ möglichst reell und vor allen Dingen nachhaltig zu konstruieren. Die TeilnehmerInnen sollen ihren Trainingserfolg (beispielsweise die erarbeitete Verhaltensänderung) in den Berufsalltag integrieren.

Die Rahmenhandlung als roter Faden

Wir arbeiten im Training mit (möglichst) einfachen Bildern und Modellen, die die Komplexität der Trainings- oder Unternehmensrealität beschreiben, und gleichzeitig als Metapher für den angestrebten Veränderungsprozess stehen können und ihn verankern helfen.

Die Rahmenhandlung ist der rote Faden.

Das bezeichnen wir als den roten Faden oder die Rahmenhandlung. Eine Konstruktion, die wir nach Möglichkeit durchgängig in die Veranstaltung integrieren.

Anforderungen an die Rahmenhandlung

Struktur	• vielseitig
	• logisch
	• übersichtlich
Einfachheit	• nachvollziehbar
	• anknüpfend an Teilnehmerkenntnissen
Stimulanz	• interessant
	• reizvoll
	• plastisch
	• passende Materialien und Accessoires
	• anregende Raumgestaltung
	• Orientierung an aktuellen Ereignissen

Der Stellenwert der Rahmenhandlung ist unterschiedlich und wiederum abhängig von der Zielsetzung der jeweiligen Bildungsmaßnahme oder der Bereitschaft des Auftraggebers, sich auf diese Vorgehensweise einzulassen. Nichts muss und alles kann – so könnte hier die Devise lauten.

1 R.ichtig anfangen ... Spiele in das Training einplanen

Das folgende Beispiel der Verkaufstrainingsreihe SELLYMPIA 2000®[1] zeigt auf, wie sich eine Rahmenhandlung als roter Faden durch das Training ziehen kann. Am Anfang stand hierbei die Suche nach einem Bild, das die Arbeitssituation der Zielgruppe (Pharmareferenten) am deutlichsten trifft.

Aus der Metapher `Olympia´ wurde der Titel SELLYMPIA 2000® und rund um dieses Bild entstanden eine Vielzahl von aktivierenden Übungen, Inszenierungen und neu konzipierten Lern- und Arbeitseinheiten.

MENUEVORSCHLAG

Sport und Olympia als Rahmenhandlung für ein Verkaufstraining

Struktur	• vielseitig	• verschiedene Sportarten
		• Kultur und Sport
		• weltweite Bekanntheit
		• internationale Präsenz
		• hohe Akzeptanz
	• logisch	• Olympia als Metapher erscheint klar und folgerichtig.
	• übersichtlich	• Der Umfang der olympischen Spiele als Bild ist überschaubar, man hat sofort deutlich abgegrenzte Assoziationen zu diesem Thema.

[1] von Rainer Frieß, Worms und Axel Rachow, Köln

Einfachheit	• nachvollziehbar	• Das Bild der olympischen Spiele wird sofort verstanden, sowohl in seiner ursprünglichen Bedeutung, als auch in der Verknüpfung mit dem Verkaufstraining. • „Olympia" und „Sport" stehen als Anker für Leistungswillen, Motivation, persönliche Zielsetzungen, Erfolgsorientierung, Trainingsnotwendigkeit und Trainerkompetenz.
	• anknüpfend an Teilnehmerkenntnissen	• Die Erfahrung von Leistungssteigerung durch Training oder Übung hat nahezu jeder schon einmal gemacht.
Stimulanz	• interessant, reizvoll, plastisch, passende Materialien und Accessoires, anregende Raumgestaltung, Orientierung an aktuellen Ereignissen	• Auflockerungs-, Quiz- und Lernspiele • Wettkämpfe • Aktivierende Übungen und sportliche Rahmenprogramme • Raumgestaltung mit olympischer Atmosphäre (Olympia-Fahnen, Fanfaren, olymp. Feuer) • Spiele und Materialien mit sportlichem Charakter • Präsentation der Lernschritte an einem Stadionmodell mit 110m Hürdenlauf in Tischgröße

1 R.ichtig anfangen ... Spiele in das Training einplanen

 ## Ansätze für die Planung einer Rahmenhandlung

Grundsätzlich kann jeder Aspekt, der für das Seminar bedeutsam ist, Ihr Ansatzpunkt für die Planung einer Rahmenhandlung sein. Ob Sie vom Thema ausgehen, von den Zielen, der Zielgruppe, den Rahmenbedingungen – oder sogar von Materialien, die Sie schon immer mal ausprobieren wollten – alles ist möglich.

Bei der Suche nach dem roten Faden / der Rahmenhandlung lassen wir uns gerne anregen durch:

- **Materialien über das Unternehmen**
  Eine Firma hatte Ihre Mitarbeiter in einer Broschüre vorgestellt, die in Gedichtform gestaltet war. Eine Kick-Off-Veranstaltung war zu planen. Die Broschüre war der Auslöser für die Rahmenidee Muse / Museum.

- **Aktuelle (tages-)politische und gesellschaftliche Geschehnisse**
  Ein Teamtraining mit einer Firma in der Pharmabranche stand an. Täglich gingen gerade die Nobelpreisverleihungen durch die Presse. Klar, dass das zum Motto der Veranstaltung wurde.

- **Leitbilder, Jahreslosungen und Motti**
  Viele Organisationen arbeiten mit Leitgedanken, die ein Stück Firmenkultur repräsentieren. Diese `Überschriften´ (wenn sie treffend formuliert wurden) erzeugen stimmige Bilder des Unternehmens: sie zeigen auf, fordern heraus und stellen einen Weg dar.

**REZEPT
Quellen für die Suche nach der passenden Rahmenhandlung**

- Firmenbroschüren
- Tagespolitische Ereignisse
- Gesellschaftliche Ereignisse
- Unternehmensleitbild
- Setting des Veranstaltungsortes
- Seminarthema
- Verfügbares Material

- **Den Veranstaltungsort und die Umgebung**
  Der Veranstaltungsort wird oft schon gebucht, bevor die Maßnahme im Einzelnen und detailliert geplant ist. Manchmal ist das bedauernswert, gelegentlich findet man so jedoch eine Kulisse vor, die es aktiv zu nutzen gilt.

Manchmal sprechen allerdings auch Gründe dafür, einen bestimmten Ansatzpunkt zu wählen. Sind z.B. die Rahmenbedingungen so extrem, dass viele Möglichkeiten von vornherein ausgeschlossen sind, macht es Sinn, diesen Aspekt in den Mittelpunkt zu rücken:

Beispiel: Von einer Bühne aus soll mit 350 Personen, die in festen Stuhlreihen sitzen, ein Vortrag spielerisch, interaktiv gestaltet werden. Hier ist es empfehlenswert, erst einmal zu überlegen, was angesichts dieser Bedingungen überhaupt spielbar ist. Sind Ideen gefunden, können diese auf ihre Verbindungsmöglichkeiten mit dem Thema überprüft werden.

Welcher Zugang nun der Beste ist?
Fragen Sie sich, welcher Aspekt am meisten hergibt: Wo wird Ihre Fantasie angeregt? Wo haben Sie Lust anzusetzen?

1 R.ichtig anfangen ... Spiele in das Training einplanen

Systematisches Vorgehen

Schon die Planung einer solchen, spielerisch-kreativen Maßnahme ist anders. Die zu erwartende Heiterkeit und das Lernen mit Spaß schlägt sich in der Vorbereitung nieder.

Zuerst spinnen, zusammenstreichen kann man hinterher.

`Zuerst spinnen, zusammenstreichen kann man hinterher´ lautet unsere generelle Empfehlung für die Planungsarbeit. Spinnen heißt: frei denken, assoziieren, und fantasieren. Quantität geht vor Qualität.
Die `realistische´ Messlatte (Kosten, Zeit, Raum, Material) wird erst einmal beiseite gelegt und den Seifenblasen Vorrang gegeben.

Für Ihre Planungsarbeit möchten wir Ihnen im Folgenden drei Rezepte vorstellen, die Sie entsprechend Ihrer persönlichen Vorlieben oder Auftragssituation ausprobieren können.

**Planungsweg 1:
Kochen streng nach Rezept**

Wenn Sie gerade Wege, d.h. klar aufeinander aufbauende, durchstrukturierte Gedankengänge mögen, können Sie Schritt für Schritt nach unserer Checkliste ▶ Checkliste „Planung", S. 53 vorgehen.

Kochen streng nach Rezept:

1. Checkliste
2. Brainstorming oder Mind-Map

Am Anfang steht die detaillierte Auftragsklärung *(die Punkte 1-3 der Checkliste)*.

Die hier genannten Basisfragen ( ) richten wir direkt an den Auftraggeber oder den Tagungsverantwortlichen vor Ort. Die Spezialfragen ( ) dienen unserer individuellen Vorbereitung – hier betrachten wir die Veranstaltung durch die spielerische Brille.

Entsprechend gehen wir methodisch vor: Die Basisfragen werden im Interview geklärt und die Spezialfragen bekommen im Brainstorming mit anschließender Auswahl oder mit Hilfe eines Mind-Maps eine konkrete Form.

Planungsweg 2:
Ins Blaue kochen

Wenn Sie ein eher assoziativer Mensch sind, dann bremsen Sie sich nicht erst durch eine Checkliste, sondern legen Sie direkt los: Sie suchen sich einen Ansatzpunkt *(s.o.: Material, Tagespolitik, Leitbilder, Veranstaltungsort)* und assoziieren `wild´ drauflos.

Ins Blaue kochen:

1. M.O.S.E.-Brainstorming
2. Auswählen
3. Weiterspinnen und ordnen

Eine methodische Vorgehensweise hierfür haben wir im Kochtopf von Carmen Thomas entdeckt.

1) Das M.O.S.E.-Brainstorming
Notieren Sie alle Ideen, die Ihnen zum Thema einfallen spaltenweise unter den Schlagworten Mensch, Ort, Sache, Ereignis. Je Spalte nehmen Sie sich eine Minute Zeit.

2) Auswahl
Markieren Sie sich je Spalte drei faszinierende Einfälle und notieren diese auf Haftnotizzetteln oder Moderationskarten.

3) Weiterspinnen
Nehmen Sie diese Ideen und spinnen Sie daraus einen roten Faden, indem Sie:

- frei Verknüpfungen erstellen oder
- die ausgewählten Begriffe in ein Ordnungsschema bringen.

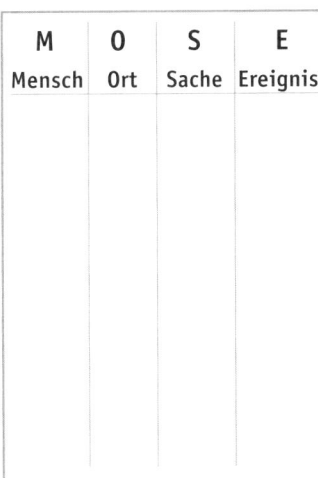

M Mensch	O Ort	S Sache	E Ereignis

Dabei können Sie auf zweierlei Weise vorgehen:

a) Sie wählen ein vorgegebenes Ordnungsschema.

Modelle, die sich in unserer Praxis bewährt haben sind z.B:

- Das Thema und seine Aspekte (z.B. Ursprung – Entwicklung – Sachaspekte – Chancen/Risiken – Besonderheiten – Perspektiven etc.)
- Chronologien und Abläufe (z.B. Gestern – Heute – Morgen)

b) Sie clustern Ihre Ideen, finden Überschriften und bringen diese in eine stimmige Reihenfolge. So entsteht eine anregende Rahmenhandlung. Auch wenn wir uns hier als TrainerIn alleine vorbereiten, nutzen wir Moderationskarten oder Haftnotizzettel, um unsere Inspiration in Bahnen zu lenken. Dieses Vorgehen erscheint erst einmal ungewöhnlich, ist aber anregend, flexibel und zielführend.
Noch schöner ist es, wenn es uns gelingt, diese freie, assoziative Art der Planung gemeinsam mit dem Auftraggeber durchzuführen und ihn dadurch aktiv für spielerisches Arbeiten zu begeistern.
Der Abgleich mit der Planungscheckliste erfolgt später.

**Planungsweg 3:
Fertigmenue**
Gelegentlich sind Sie in der Situation, dass andere das Menue vorgeben. Wenn das fest steht, Inhalte und Methoden definiert sind und Ihr Auftrag daraus besteht, das Seminarkonzept entsprechend umzusetzen, dann erinnert das ein wenig an ein Fertigmenue. Alles ist schon fertig organisiert, Sie richten es nur noch auf Ihre Weise und mit Ihren Methoden an.

Fertigmenue
- Überblick verschaffen
- Grobe Planung mit der Checkliste
- Loslegen

Zu Ihrer Orientierung reichen knappe Antworten auf die Fragen unserer Planungscheckliste. Die Spiele setzen Sie ein, wenn sich eine Lücke ergibt.

Anhand der Checkliste auf den folgenden Seiten können Sie Ihr Seminar mit dem Auftraggeber und dem Seminarhotel klären und den Einsatz von Spielen planen.

Planung zum Einsatz von Spielen im Training

CHECKLISTE

- **Basisfragen**
  Die Basisfragen eignen sich zur Klärung mit dem Auftraggeber, bzw. mit dem Seminarhotel

- **Spezialfragen zum Einsatz von Spielen**
  Die Spezialfragen dienen Ihrer individuellen Vorbereitung

  1) Themen, Inhalte und Hintergründe klären

  - Wie lautet das Thema?
  - Welche Inhalte sollen vermittelt werden?
  - Geht es um Fachthemen oder um Verhaltenskompetenz?
  - Wo könnte es zu Lernschwierigkeiten kommen?
  - Gibt es einen Anlass oder eine Vorgeschichte, die Einfluss auf den Verlauf des Trainings nehmen könnte?
  - Wer ist der Auftraggeber und wie sind seine Interessen?
  - In welchen Gesamtrahmen ist das Training eingebunden? Was bedeutet dies für die Zielsetzung, für die Teilnehmer und den Verlauf des Trainings?

- Gibt es ein Motto, Logo oder eine Metapher, die zu der gewünschten Veranstaltung passt?
- Mit welchen Spielen können Sie Inhalte vermitteln und Erfahrungen ermöglichen?
- Wie können Sie möglichen Lernschwierigkeiten spielerisch begegnen?
- Welche Rahmenhandlung / welche Spielgeschichte / welcher roter Faden kann zum Motto passend entwickelt werden?

2) Ziele planen

- Was soll die Gruppe / die einzelne Person am Ende erreicht haben?
- Ist das Ziel vom Auftraggeber vorgegeben, oder soll es von der Gruppe festgelegt werden? Welche Ziele sind offen, welche verdeckt?
- Worum genau geht es? Sollen vorwiegend Wissen und Erkenntnisse oder Beziehungen und Erfahrungen vermittelt werden?
- Wie realistisch ist die Zielerreichung und wieviel Zeit wird die Gruppe voraussichtlich benötigen?
- Sind Sie persönlich von dem Ziel überzeugt?
- Durch welche Spiele können Sie die Gruppe in der Erreichung ihrer Lernziele unterstützen?
- Welche Erfahrungen und Erkenntnisse sollen reflektiert werden?

3) Zielgruppe ergründen

- Wer sind die TeilnehmerInnen?
  (Zahl, Namen, Bildungsweg, Funktion im Unternehmen, Stellung in der Hierarchie, welche Aufgaben bearbeiten sie z.Zt., welche Entscheidungskompetenzen haben sie, wie sind ihre Beziehungen untereinander?)
- Wie sehen ihre Einstellungen und Interessen aus? Welche Erwartungen haben sie und wo können auf der Sachebene oder auf der persönlichen Ebene Konflikte auftreten?

1 R.ichtig anfangen ... Spiele in das Training einplanen

- Wieviel Trainings-Erfahrungen bringen sie mit und wie ist ihre Einstellung dazu?
- Fragen Sie: Welche Vorlieben, Wünsche, Bedürfnisse gibt es wohl unter den Teilnehmenden? Mit wem haben Sie es zu tun?
- „AnpackerInnen?"
- Leute, die gern tüfteln?
- Menschen, die zwischendurch Ruhe brauchen, abschalten wollen?
- TeilnehmerInnen, die Feedback brauchen?
- Menschen mit viel/wenig Frustrationstoleranz?
- .....
- Welche Methoden und Übungen kennen die TeilnehmerInnen aus vorherigen Veranstaltungen?
- Welche Spielerfahrungen bringen die TeilnehmerInnen mit?
- Mit welcher Art Spiel können Sie bei den TeilnehmerInnen wohl „landen"?
- Auf welche Art Spiele verzichten Sie lieber?
- Gruppengröße: Welche Spiele kommen in Frage? Welche scheiden aus?

4) Rahmenbedingungen checken

- Wie ist der Zeitrahmen?
- Gibt es feste Pausen / Essenszeiten?
- Wie sind die räumlichen Bedingungen? Anzahl? Lage? Nähe zueinander? Größe? Höhe? Ausstattung? Klima? Atmosphäre?
- Sind Störungen zu erwarten? Hellhörige Wände? Bauarbeiten am Haus? Viel befahrene Straße?
- Welche Gestaltungsmöglichkeiten bietet der Raum? Wie ordnen Sie Bestuhlung, Tische, Medien, Materialien an? Wie integrieren Sie störende Elemente, (z.B. eine Säule), positiv? Wie holen Sie das Beste aus dem Raum heraus?

- Wie können Sie die Raumatmosphäre dem Thema des Seminars anpassen?
- Welche Vorsorge muss getroffen werden, um die Räume zu schützen?

5) Ablauf planen

- Was können Sie schon bei der Ankunft der Teilnehmer tun, um sie `abzuholen´, einzustimmen oder ihnen das Unbehagen zu nehmen?
- Wie gestalten Sie die Begrüßung und die Einführung in die Thematik? Animierend? Überraschend? Provozierend? Nüchtern? ....?
- Welche Spiele eignen sich für den Anfang, um die Gruppe langsam an die Methodik zu gewöhnen?
- Wie bauen Sie die einzelnen Arbeitseinheiten und Arbeitsschritte sinnvoll und abwechslungsreich aufeinander auf?
- Welche Spiele und Methoden unterstützen die jeweiligen Arbeitseinheiten und -schritte? Welche eignen sich zur Einleitung oder Abrundung eines Bausteins und welche machen Inhalte erfahrbar und auswertbar?
- Welche Spiele halten Sie bereit, um flexibel auf besondere Seminarsituationen einzugehen? (z.B. allgemeine Müdigkeit nach dem Essen)
- Wie arrangieren Sie den Schluss der Veranstaltung? Wie binden Sie den Sack zu?
- Mit welchem Spiel setzen Sie einen markanten, unvergesslichen Schlusspunkt?

6) Material vorbereiten

- Sind alle Materialien vorhanden? Was muss gekauft, hergestellt, organisiert, verändert werden?
- Was brauchen Sie? Welche Materialien sind notwendig für die Durchführung des Seminars / der Spiele?
- Wie können Sie Ihr Material so `aufpeppen´, dass es den Teilnehmern das Spielen leichter und interessanter macht?

- Sind alle Materialien so gepackt, dass sie bei Bedarf sofort greifbar sind?
- Wo im Raum deponieren Sie Ihr Spielmaterial? Welche Materialien soll die Gruppe sehen, welche sollen ihr verborgen bleiben?
- Wie können Sie Materialien animierend arrangieren?

2 E.ffektiv informieren

> „Es stellt sich die Frage, warum dem Spiel, dem hohe Qualitäten in der Lernsituation zugesprochen werden, nur am Lebensanfang eine große Bedeutung zukommt und es im Lebensverlauf (scheinbar) effizienteren Lernformen weicht."
> Frederic Vester

Wie informiere ich effektiv ...
... im Training?

Im Training kocht und brodelt es: Impulse und Informationen fließen zu den Teilnehmern, in den Teilnehmern und zwischen ihnen. Das Ziel des Trainings ist, dass ein jeder Teilnehmer die Zutaten und Zubereitungen erhält, die er für seine persönliche Weiterentwicklung benötigt: Er soll sie im geschützten Rahmen des Trainings ausprobieren, reflektieren, verändern, verfestigen, auswählen, aufnehmen und anschließend auch wiederaufrufen, wiedergeben, übertragen und anwenden können – kurzum: Er soll etwas lernen.

In diesem Kapitel erfahren Sie:
- Was Grundvoraussetzungen für Lernen sind
- Wie Spielen und Lernen zusammenpassen
- Wo Sie mit Spielen auf Grenzen stoßen

2 E.ffektiv informieren ... im Training

Aussagen über das Lernen

Es bietet sich an, „das Lernen" genauer zu betrachten. Und schon betreten wir eine Großküche, in der es viele Zutaten und kaum Rezepte gibt. Jeder „Lernkoch" brutzelt, soziologisch, psychologisch oder philosophisch angehaucht, sein eigenes Süppchen, wohl wissend, dass jeder Blick über den Tellerrand die Komplexität des Themas Lernen nur steigert und eindeutige Aussagen noch schwerer zu finden sind als französische Trüffel.

Im Folgenden schauen wir daher nur kurz in die Töpfe vierer Spezialisten, um schmackhafte Aspekte zum Thema Spielen und Lernen Erwachsener zu finden:

Lernkoch Nr. 1:
Der humanistische Psychologe Rogers

Karl Rogers hat sich u.a. in „Lernen in Freiheit" mit dem Phänomen des Lernens befasst. Nach seinen Untersuchungen findet „Signifikantes Lernen", d.h. Lernen, das verinnerlicht wird und Verhaltensänderungen nach sich zieht, u.a. dann statt:

Vitamine für „signifikantes" Lernen:

- Betroffenheit wecken
- Stressfreie Atmosphäre schaffen
- Teilnehmer aktivieren
- Teilnehmer mitgestalten lassen

- wenn der Lerninhalt von den Teilnehmern als relevant wahrgenommen wird
  ▸ **Betroffenheit geweckt wird**

- wenn äußere Bedrohungen minimal sind (z.B. Druck durch Vorgesetzte)
  ▸ **stressfrei gelernt wird**

- wenn Lernen durch Tun stattfindet
  ▸ **aktiv gelernt werden kann**

- wenn Lernende den Lernprozess aktiv und verantwortlich mitbestimmen und -gestalten
  - **Teilnehmer mitgestalten können**

Lernkoch Nr. 2:
der Biochemiker Frederic Vester

Vester beschreibt in einem Essay die Zusammenhänge von Lernen und lernbegünstigenden Umständen: „Der Mechanismus des Lernvorgangs ist rein biologisch auf eine Atmosphäre der Vertrautheit, der Entspannung, des Sichwohlfühlens zugeschnitten. In einer Konstellation, die Freude verspricht, Lustgefühle und Erfolgserlebnisse, in der wir unbekümmert spielen und ausprobieren können, da funktioniert er optimal."

Dagegen stellt er Lernerfahrungen, wie sie auch im Bereich der Erwachsenenbildung durchaus noch zu machen sind: „Ausgerechnet den Unterricht, die Einführung in ein neues Gebiet, die Vermittlung von Wissen verknüpfen wir vielfach mit Angst, Stress, Frustration und Prestigekämpfen – alles typische Lernkiller, unter denen wir mit gewaltigem Einsatz und gegen die Funktionen unseres Organismus dann logischerweise nur ein lächerliches Lernergebnis erzielen können."

Appetitanreger für Lernsituationen:

- Vertraut sein
- Entspannt sein
- Sich wohlfühlen
- Freude und Lust
- Erfolgserlebnisse
- Unbekümmert spielen und ausprobieren

Appetitzügler in Lernsituationen

- Angst
- Stress
- Frustration
- Prestigekämpfe

**Lernkoch Nr. 3:
der Spielpädagoge Ulrich Baer**
„Es gibt keine bessere Lernform als das Spiel. Das Spiel ist geprägt von aktiver, neugieriger Haltung. Schöpferisch wird Neues erfunden. Relativ angstfrei können neue Erfahrungen gemacht werden.
Ein besseres Lernklima, eine effektivere Motivation kann man sich kaum vorstellen, als sie im Spiel gegeben ist. Die Tätigkeit `Spielen´ sollte von Pädagogen als wichtige Lernform begriffen werden."

**Lernkoch Nr. 4:
der Philosoph Seneca**
„Lang ist der Weg durch Lehren,
kurz und wirksam durch Beispiele."

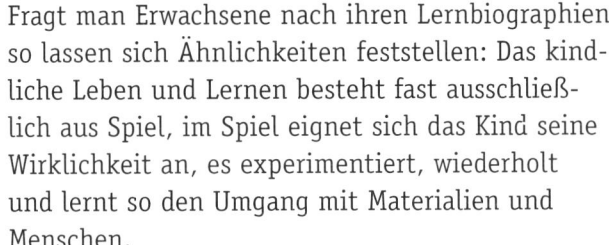

Spielen und Lernen

Fragt man Erwachsene nach ihren Lernbiographien, so lassen sich Ähnlichkeiten feststellen: Das kindliche Leben und Lernen besteht fast ausschließlich aus Spiel, im Spiel eignet sich das Kind seine Wirklichkeit an, es experimentiert, wiederholt und lernt so den Umgang mit Materialien und Menschen.

In der Schulzeit verändert sich das Lernverhalten, spielerische Übungen verlieren zugunsten logisch-rationaler Lernvorgänge. Das Spiel wird in die Rolle einer Freizeitbeschäftigung gedrängt und diese Rolle behält es auch in weiterführenden und berufsbegleitenden Lernprozessen bei.

Gezielt gebratene Spiele können:

- Lerninhalte verdeutlichen
- Gruppenstrukturen aufzeigen
- Prozesse der Persönlichkeitsentwicklung unterstützen

Lern- und Arbeitswelten sind in der Regel nicht auf spielerische Aktivitäten eingestellt. Und das, obwohl dem Spiel (siehe unsere Lernköche) ausgezeichnete Noten ausgestellt werden können, wenn es gelingt, es sinnvoll in Lernsituationen zu integrieren.

Kombiniert man dies mit der Grundidee einer lebendigen und abwechslungsreichen Seminargestaltung, ergeben sich hieraus vielfältige Gründe, Spiele in Trainings einzuplanen, denn:

- Spiele motivieren, animieren, erzeugen Spannung und fördern die Lernbereitschaft.
- Sie erhöhen die Aufmerksamkeit und wecken das Interesse der Lernenden am Lerngegenstand und -prozess.
- Spiele fördern Kontakte und bewirken ein positives Gruppenklima. Sie bauen Spannungen und Ängste ab. Sie vermitteln soziale/individuelle Kompetenzen wie Kooperationsbereitschaft, Kommunikationsfähigkeit oder Konfliktlösungsfähigkeiten.
- Spiele besitzen einen hohen Wirkungsgrad, weil sie Intellekt und Gefühl ansprechen und unterschiedliche Wahrnehmungskanäle anregen.
- Spiele vermitteln fachliche Kompetenzen: Sie helfen bei der Vermittlung von allgemeinen und berufsspezifischen Fähigkeiten und Fertigkeiten und setzen Kreativität frei.

Nicht zuletzt:

- Spiele machen Spaß und ermöglichen eine unmittelbare Erfahrung.

Spiele
- motivieren
- animieren
- erzeugen Spannung
- fördern die Lernbereitschaft
- erhöhen die Aufmerksamkeit
- wecken Interesse am Lerngegenstand
- fördern Kontakte
- bewirken ein positives Gruppenklima
- bauen Spannungen ab
- vermitteln soziale Kompetenzen
- sprechen Intellekt und Gefühle an
- setzen Kreativität frei
- machen Spaß

Grenzen beim Einsatz von Spielen

1. Unmögliche Situationen

Es kann in Seminaren Grenzsituationen geben, in denen Spiele unpassend, aufgesetzt, oberflächlich oder konterkarierend wirken würden oder in denen sie einfach nicht durchführbar sind:

- Den TeilnehmerInnen ist Leichtigkeit und Humor nicht möglich, da sie sich in ernsthaftem Streß befinden (z.B. kurz vor einer Prüfung, Unglücksfall im Kontext),

- es gibt unterschwellige oder offene Konflikte innerhalb der Gruppe,

- es gibt Konflikte der Gruppe mit dem Arbeitgeber,

und

- auch die Leitung kann Gegenstand eines unterschwelligen oder offenen Konfliktes sein.

Nichts schadet dem Spielgedanken mehr, als ein Überschreiten solcher Grenzen, als ein Durchziehen und Kleben am Konzept, koste es, was es wolle. Hier würde das Spiel kontraproduktiv wirken und die Situation noch verschärfen. Als Leitungskompetenz ist jetzt Fingerspitzengefühl, gruppendynamisches Geschick und ein methodisches Vorgehen gefragt, das die reale Wirklichkeit (= die reale Situation) in den Mittelpunkt stellt. Die Leichtigkeit der Methode Spiel und die dem Spiel innewohnende Konstruktion einer zweiten Wirklichkeit ist nicht angemessen.

2. Schwierige Konstellationen

Es gibt Situationen, die Spielen keineswegs unmöglich machen, aber hohe Anforderungen an das Geschick und die Flexibilität der Spielmoderation stellen:

- Der Raum ist ungeeignet (zu klein, zu groß, zu voll, mit störenden Nebengeräuschen, einsehbar...),

- einzelne TeilnehmerInnen wollen nicht mitspielen,

- die Zielgruppe ist spielunerfahren oder übt eine Tätigkeit aus, die wenig mit kreativen, interaktiven Aufgaben zu tun hat (Beamte, Archivare, Vorstände),

- es bestehen besondere persönliche Verbindungen zur Zielgruppe (Kollegen, Hierarchien, Auftraggeber...).

Insgesamt ist unsere Erfahrung nach vielen Seminaren, und auch durch die ermutigenden Rückmeldungen von Trainerinnen und Trainern in unseren Spieleworkshops, dass es wenig wirkliche und unverrückbare Grenzen für den Einsatz von Spielen im Training gibt. Vielmehr sind die Grenzen bei uns selbst zu suchen. Oder anders herum: Es begegnen uns immer wieder Grenzsituationen („Horror"-Zielgruppen, schlechte Örtlichkeiten, Zeitdruck), die wir dann aber doch durch entsprechende Anpassung bewältigen und anschließend von der Liste der Gratwanderungen streichen können.

Für den Einsatz von Spielen im Training gibt es wenig reale Grenzen. Vielmehr sind die Grenzen bei uns selbst zu suchen: Die Grenze ist dort, wo ich sie als Trainer setze.

Gefragt ist Mut, sich diesen Situationen zu stellen, „es einfach zu machen", oder durch eigene Kreativität das Spiel entsprechend zu variieren.
▶ *E.ngagiert handeln ... um TeilnehmerInnen Lust auf Spiel zu machen, S. 147.*

3. Persönliche Sinngrenzen

Wie kommen TrainerInnen an Spiele?
Sie lernen ein Spiel in der Literatur oder durch eigene Erfahrung kennen (bei Kollegen, im Train-the-Trainer, in der Hospitation oder in Kooperationsprojekten) und sehen es für die eigenen Zwecke als brauchbar an. Entsprechend setzen Sie das Spiel ein: Sie geben ihm einen Sinn und es darf sich dann immer wieder bewähren. So schleichen sich „Sinngrenzen" mit ein.

Sie heißen z.B.:

- Es ist nicht vorstellbar, das Spiel in einem anderen Sinnzusammenhang einzusetzen
- Variationen sind ausgeschlossen
- Variationen passen nicht zu meinem Trainingsstil

Ein Beispiel für letzteres sorgte bei uns Autoren beim Schreiben dieses Buches für Heiterkeit und Diskussion: Wir setzen beide gerne in der Anfangssituation das auf der Folgeseite beschriebene Spiel ein. Man kann in diesem Spiel die TeilnehmerInnen einen Witz erzählen lassen, den noch niemand kennt.

Damit begibt man sich als TrainerIn auf Glatteis, da man nicht weiß, ob der erzählte Witz peinlich oder kränkend werden könnte. Für die Autorin ist das ein Grund, die Frage nach dem Witz nicht zu stellen, weil die Anfangssituation nicht durch einen peinlichen Moment belastet werden soll.

Der Autor findet gerade das jedoch spannend. Was passiert denn, wenn jemand einen solchen Witz erzählt? Was sagt das über ihn, die Gruppe, die Situation aus? Wie reagieren die TeilnehmerInnen und was fällt mir als Trainer dazu ein? Das ist risikoreicher und ein Gelingen dieser Situation hängt dann davon ab, wie der Trainer die Überleitung zur nächsten Aktivität gestaltet.

Unpassende Spiele werden passend durch den Dialog und das Feedback anderer TrainerInnen. Fragen Sie die KollegInnen nach Variationen und Erfahrungen, das erweitert das Bewusstsein und den eigenen Handlungsspielraum.

**REZEPT
für ein variationsreiches Spiel:**

Rasender Reporter

Die Teilnehmer erhalten jeweils einen Stift und einen vorbereiteten Fragebogen mit 10 - 14 Fragen. Auf ein Zeichen hin geht jeder im Raum umher und sucht andere Teilnehmer, die eine der Fragen bejahen können.

Die entsprechende Person unterschreibt ihrem Gegenüber sodann die Frage. Auf dem eigenen Blatt darf nicht selbst unterschrieben werden.

Die ausgefüllten Fragebögen werden dann von der Spielleitung eingesammelt. Je nach zeitlichen Möglichkeiten oder Intention kann die Spielleitung einzelne Fragen und die dazugehörigen Personen präsentieren, Aufgaben lösen (z.B. Witz erzählen lassen, im Chor singen) oder Fertigkeiten demonstrieren lassen (z.B. geschickte Handhabung eines Tischtennis-Schlägers).

4. Überzogene Erwartungen

Grenzsituationen können auch entstehen, wenn TrainerInnen sich von falschen Vorstellungen von der Wirkung und dem Verlauf der Spiele leiten lassen:

- das Spiel leistet nicht den gewünschten Lernerfolg,
- das Spiel trifft nicht die Botschaft des Trainers und wird von den TeilnehmernInnen als unpassend empfunden,
- das Spiel entwickelt sich nicht so, wie es vom Trainer gewünscht oder gewohnt ist.

Spiele sind Instrument einer Ermöglichungsdidaktik

Treten diese Phänomene auf, hat das auch etwas mit der Grundhaltung des Trainers zu tun. Prinzipiell sprechen wir im Kontext von Spielen von einer Ermöglichungsdidaktik, in Abgrenzung zu einer Erzeugungsdidaktik.

Wir können Erwachsenen Spiele in einem bestimmten Setting immer nur als Lerngelegenheit anbieten. Durch die gezielte Auswahl der Spiele ▶ *E.ffektiv informieren ... durch die Auswahl von Spielen, S. 97*, durch Passgenauigkeit ▶ *P.assgenau verarbeiten ... Lernstoff in Spiele, S. 195*, durch die Art der Präsentation ▶ *Z.ielgerichtet inszenieren ... mit dramaturgischen Elementen, S. 117* und Moderation ▶ *E.ngagiert handeln ... in der Spielmoderation, S. 173* tragen wir dazu bei, dass die Teilnehmenden diese Gelegenheit auch annehmen. Welche Facetten jedoch wie gelernt werden, was die Einzelnen für sich als bedeutsam erkennen, ist letztlich offen.

Die Erfahrung zeigt, dass die gleichen Spiele in unterschiedlichen Zusammenhängen anders verlaufen können und immer wieder überraschend neue individuelle Lernerfahrungen hervorbringen.

Das Spiel ist nicht die Garantie, sondern die Chance für eine Lernerfahrung. Oder für eine ganz andere – denn dafür ist es ja gerade ein Spiel, das es die Gelegenheit zum Experimentieren, Verändern, Erweitern und Verfremden gibt. Eine offene Grundhaltung ist für spielende TrainerInnen absolut erforderlich und erfordert eine hohe Aufmerksamkeit und eine genaue Beobachtung der jeweiligen Spielsituation: Es wird immer etwas anderes passieren, weil die Menschen anders sind.

Das Spiel ist nicht die Garantie, sondern die Chance für eine Lernerfahrung.

Das ist eine ständige Herausforderung, die dafür sorgt, dass die Spiele auch für uns TrainerInnen niemals langweilig werden.

2 E.ffektiv informieren

„Ich sehe einfach nicht ein, etwas zu lernen, was mir keine Freude bereitet"
Albert Einstein

Wie informiere ich effektiv ...

... in unterschiedlichen Seminarphasen?

- Viele Menschen essen schwer verdauliche Speisen.
- Sie nehmen zu große Portionen zu sich.
- Sie essen zu einem Zeitpunkt, der ihnen nicht entspricht.
- Sie verschlingen Unmengen recht wertlosen Zeugs.
- Sie achten nicht auf die Aspekte des Zubereitens, Servierens und Inszenierens.
- Sie ziehen keine Konsequenzen aus vorhandenen Verdauungsstörungen.
- Sie sind gewöhnt an althergebrachte Speisen, die oft schwer im Magen liegen und misstrauisch gegenüber einer modernen, menschenfreundlichen und situationsgemäßen Ernährungskultur.

Die Herren Rabenstein, Reichel und Thanhoffer beschreiben hier deliziös, was uns in Weiterbildungsveranstaltungen für Erwachsene oft begegnet: Einseitige Ernährung. Mögen diese Veranstaltungen nun Seminar, Training, Workshop, Kongress, Event, Kurs oder Kick-Off heissen, so folgen sie doch in ihrem Aufbau alle dem gleichen Grundschema, dass wir Ihnen in der Einleitung als „R.E.Z.E.P.T.-Modell" schmackhaft gemacht haben.

Jetzt ist es Zeit, unsere Spiele unterzurühren: Phase für Phase zeigen wir Ihnen, an welchen Stellen Bildungsveranstaltungen mit Spielen verfeinert und abgeschmeckt werden können.

In diesem Kapitel erfahren Sie:

- Wissenswertes über Ziele und Aufgaben von Seminarphasen
- Wie Sie Spiele in unterschiedlichen Phasen nutzen können

2 E.ffektiv informieren ... in unterschiedlichen Seminarphasen

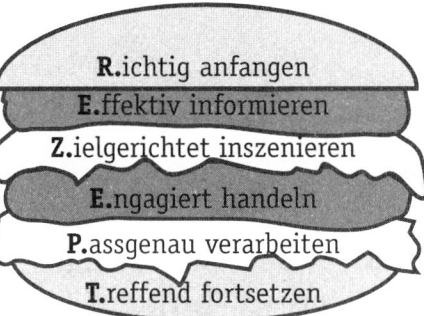

R.E.Z.E.P.T.

Phase: R.ichtig anfangen

R.E.Z.E.P.T. Komponenten	Ziel und Aufgabe	Spiele und Rezepte
Einladung	• Informationen über Organisatorisches ♟ **Erwartungen wecken** • mit ersten Aspekten des Inhalts vertraut machen • Verhaltensvorgaben (Rollen)	spielerisches Rahmenthema
Warming up	• Begrüßung ♟ **Kennenlernen** ♟ **Gesprächsbereitschaft wecken** ♟ **Ersten Kontakt herstellen** ♟ **Erwartungen wecken**	Weltspiele Kennenlernspiele Bewegungsspiele Wahrnehmungsspiele
Motivierung	♟ **Vorwissen und Einstellungen klären** • Mitbeteiligung an Lernzielen ♟ **Freude an der Veranstaltung erhalten und stärken** ♟ **Pausen und Rahmenprogramm gestalten**	spiel. aktivierende Methoden Interaktions-, Kommunikations- und Kooperationsspiele Bewegungs- und Unterhaltungsspiele

Funcke/Rachow: Rezeptbuch für lebendiges Training – ©2002 managerSeminare

Einladung:

Schon die Einladung zu einem Seminar bietet, sofern Sie als Trainerin oder Trainer Einfluss darauf nehmen können, spielerische Möglichkeiten. Neben Informationen über Organisatorisches und dem Vertrautmachen mit den ersten Aspekten des Inhalts kann eine Einladung Spannungsmomente enthalten, die Erwartungen wecken und Vorfreude produzieren.

Mit der Einladung zur ersten Sequenz unserer Trainerausbildung „Spiel- und Erlebnismethodik im Training" haben wir zum Beispiel einen geheimnisvollen Schlüssel mit Kofferanhänger verschickt: Was die Teilnehmer noch nicht wussten und erst im Verlauf der Ausbildung erfahren würden: Die Schlüssel gehörten zu Koffern, die ihnen nach der Ausbildung in ihren Trainings als Behältnis für Spielmaterialien gute Dienste leisten sollten.

... dann gibt es da noch einen

dessen wahre Bedeutung sich erst im Laufe des Seminars erschließen wird ...

Diesen bitte auf jeden Fall mitbringen ...

Warming up:

Die Anfangsphase, das Warming up im Seminar ist eine ganz entscheidende Phase. Denn hier legen Sie den Grundstein für den weiteren Verlauf. Misslingt der Einstieg, haben Sie mit den Folgen zu kämpfen. Gelingt er dagegen, und haben Sie die TeilnehmerInnen auf Ihrer Seite, können Sie für das weitere Seminar auf einem soliden Fundament aufbauen. Sogar den ein oder anderen Lapsus können Sie sich dann erlauben.

TeilnehmerInnen stehen in Anfangssituationen häufig unter Stress.

- Vielleicht kennen sie niemanden.
- Sie fragen sich, ob sie den anderen wohl sympathisch sind.
- Sie wissen nicht, was sie erwartet.
- Sie wissen nicht, was der Trainer / die Trainerin von ihnen erwartet.
- Sie befürchten vielleicht eine Blamage, weil andere mehr wissen oder mehr können.

Solange sich die TeilnehmerInnen mit diesen Fragen beschäftigen, werden Sie sich nicht wirklich auf das Training und das Thema einlassen. Sie werden vorsichtig und zurückhaltend sein und das Seminar nicht aktiv mitgestalten.

Spiele sind in dieser Situation eine hervorragende Arbeitsmethode, um das Kennenlernen und die Kontaktaufnahme zu erleichtern. Berührungsängste werden schnell abgebaut oder tauchen gar nicht erst auf. Es entsteht eine konstruktive Arbeitsatmosphäre, in der die TeilnehmerInnen Mut gewinnen, sich zu beteiligen. Positive Erwartungen werden geweckt.

Voraussetzung ist natürlich die richtige Auswahl von Spielen. An den Anfang gehören Spiele, die sich für spielungewohnte Gruppen eignen. Alle müssen mitspielen können, ohne das Gefühl zu haben, sich lächerlich zu machen. Spiele mit Körperkontakt sind jetzt noch kontraproduktiv.

Häufig benutzen wir in dieser Phase nicht einmal das Wort Spiel. Wir knüpfen einen inhaltlichen Zusammenhang und beginnen mit einer `Übung´ oder `Aufgabe´, von der wir glauben, dass sich alle ohne Angst darauf einlassen können. Hundertfach bewährt hat sich das nebenstehende `Viereckenspiel´: Es bringt die TeilnehmerInnen in (leichte) Bewegung, regt zur Kontaktaufnahme an und lässt erste Einschätzungen zu. Die Spielleitung erhält ganz nebenbei ein erstes Stimmungs- und Meinungsbild.

Optimal ist es, wenn es gelingt, schon in den ersten Minuten soviel Humor zu vermitteln, dass miteinander gelacht wird. Denn Lachen hat einen befreienden, entspannenden Effekt. Es kann Angst und Stress auflösen. Läuft das erste Spiel, sehen wir, wie die Gruppe reagiert und muten ihr dann nach und nach mehr zu.

Das Erfolgs-REZEPT für den Beginn:

Viereckenspiel

Die Gruppe hat sich auf einer freien Fläche verteilt. Die Spielleitung ordnet jeweils vier Begriffe einer Kategorie den vier Raumecken zu. (z.B. blau – gelb – rot – grün). Alle gehen in die Ecke, die ihnen, aus welchen Gründen auch immer, am meisten zusagt. Anschließend nennt die Spielleitung die nächsten Begriffe usw.

2 E.ffektiv informieren ... in unterschiedlichen Seminarphasen

**REZEPT
zum Kennenlernen für Bekannte:**

Traumberuf und Lieblingsessen

Bei diesen Spiel bekommen alle einen DIN A 5-Bogen, der in zwei Felder aufgeteilt wird: im oberen notiert man seinen 'Traumberuf', im unteren sein 'Lieblingsessen', wobei einer der genannten Begriffe jedoch gelogen sein muss. Je nach Seminarthema variiert man ein drittes Feld dazu. Z.B. beim Rhetorik-Training: 'Schlimmste vorstellbare Redesituation (worst case)'. Im nächsten Schritt befestigt man sich seinen eigenen Bogen auf dem Rücken. Nun gehen alle durch den Raum, lesen die Angaben und markieren mit Klebepunkten bei den anderen, wo sie die Lüge vermuten.
In der anschließenden Präsentationsrunde wird die Lüge aufgelöst. Dann kann über die Worst-Case-Situationen eine Überleitung zum Thema stattfinden.

Für Kennenlernphase und Warming up planen wir – je nach Gesamtdauer des Seminars – bis 1 Stunde ein. Die Zeitinvestition lohnt sich für den weiteren Verlauf. Auch für firmeninterne Gruppen, die untereinander gut und lange bekannt sind, gibt es schöne Methoden für den Anfang, bei denen man noch viel Neues und Überraschendes übereinander erfahren kann.

Als Abschluss dieser Phase bietet sich ein Spiel an, dass mit einer Erwartungsabfrage und der Überleitung ins Thema kombiniert werden kann. Bewährt hat sich hier z.B. 'Traumberuf und Lieblingsessen', denn in der an die Aktion anschließenden Präsentationsrunde äußern sich alle zum Thema, ohne dass die Situation den Druck einer Abfragerunde hat.

Motivierung:

Besonders zu Beginn des Trainings spielt die Motivierung der Gruppe eine wichtige Rolle. Das spielerische Vertrautmachen mit den Seminarinhalten fördert den Spaß an der Veranstaltung. Vorwissen, Einstellungen und erste Standpunkte können auf lebendige Weise ausgetauscht werden. Ein nur wenig aufwendiges Beispiel ist das Präsentieren des Seminarablaufs durch die Methode `Haufenweise´.

REZEPT zur motivierenden Präsentation des Seminarablaufs:

Haufenweise

Ein Tisch ist mit Pinwandpapier (Flipchartpapier o.ä.) bespannt. Auf dem Papier ist der Seminarverlauf in Form von thematischen Schwerpunkten grob skizziert (z.B.: Kennenlernen / Erfahrungsaustausch / Grundlagen der Moderation / Ablauf einer Moderation ...). Die TN haben jeweils 7 – 10 stapelbare Holzklötzchen und werden aufgefordert, entsprechend den Erläuterungen der SL mit diesen Klötzchen „Neigungshaufen" zu bilden. Sie legen ihren Holzklotz genau dort ab, wo ihr Interesse am größten ist.
Das Ergebnis kann kommentiert werden.
Der Tisch bleibt (zumindest am ersten Tag) im Seminarraum stehen.

**REZEPT
zum Muntermachen:**

Pinguine und Reiher

Alle bewegen sich wie Pinguine (= Killerphrasen: Arme eng am Körper, kleine Watschelschritte) durch den Raum. Der Reiher (= Killerphrasenfresser: große Stelzenschritte, als Schnabel steife Arme) ist zwischen die Pinguine geraten und will möglichst viele von ihnen fressen. Alle Pinguine, die von einem Reiher berührt werden, werden auch zu Reihern. Das Spiel ist beendet, wenn alle Pinguine gefressen sind.

Motivierung zieht sich als Thema durch das ganze Training. Um die Motivation zu erhalten, zum „Wachwerden" und zur erneuten Konzentration steigen wir gerne nach jeder Pause mit einem zum Thema passend gemachten, aktivierenden Spiel neu ein.

Ein Beispiel dafür ist das Nonsensspiel `Pinguine und Reiher´, das wir mit Vorliebe in Kreativitätstrainings oder Visionsworkshops als Methode gegen `Killerphrasen´ präsentieren.

Das Spiel dauert drei Minuten, macht riesigen Spaß, garantiert wach und bringt ganz nebenbei eine wichtige Regel für die kreative Arbeit in Gruppen in Erinnerung. Vor dem Nachmittag des ersten Tages ist dieses alberne Spiel jedoch nicht zu empfehlen.

Gute Erfahrungen machen wir auch damit, (Gesellschafts-)Spiele in den Lernpausen bereit zu legen. Hier eignen sich Spiele oder Aufgaben mit erklärungsarmen Regeln und mit ansprechenden Materialien. Sie können schon zu Beginn als `Eye-Catcher´ im Seminarraum ausgestellt sein und dort in der Anfangsphase und in den Pausen zur `Kontaktstelle´ für Teilnehmende werden. Für die Präsentation dieser Spiele bieten sich Bistrotische an.

Empfehlenswerte Spiele für die Seminarpause:

Bamboleo
Von einer auf einer Kugel gelagerten Holzscheibe müssen Klötzchen entfernt werden, ohne dass die Scheibe aus der Balance gerät.
Zoch Verlags GmbH, Brienner Str. 54a, 80333 München, Tel. 089-5205740

Das Käsebrett
Eine Kugel muss mittels Schnüre über ein löchriges Brett in ein Zielloch gebracht werden. Geschicklichkeit und gute Koordination zu zweit sind gefragt.
Verschiedene Anbieter u.a. LOGO Lern-Spiel-Verlag GmbH, Beckenkamp 25, D-46262 Dorsten, Tel. 02369-917530

Friesenschach
Jeder Spieler versucht, 7 Holzstifte möglichst schnell loszuwerden.
Rainbow Training Equipment Christiane Arenz Hevinghausen 119, 53804 Much, Tel. 02245-3349

Galgenbalance
Wer als erster alle seine Spielsteine auf einer frei schwebenden Plattform ablegen kann, hat gewonnen.
Bartl GmbH, Brunnthaler Str. 17, D-84518 Garching/Alz, Tel. 08634-9885-0

Geo-Würfel
Aus sieben verschiedenen Bauelementen werden Figuren oder mehrteilige Bauwerke nachgestaltet.
LOGO Lern-Spiel-Verlag GmbH, Beckenkamp 25, D-46262 Dorsten, Tel. 02369-917530

Jongliermaterial
Verschiedene Bälle, Tücher, Keulen und anderes.
Pappnase & Co. GmbH, Von-Esen-Straße 76, 22081 Hamburg, Tel. 040-298104-10

Klappenspiele
Immer die Zahl wird umgeklappt, die gewürfelt wurde. Wer nicht mehr würfeln kann, hat verloren.
Bartl GmbH, Brunnthaler Str. 17, D-84518 Garching/Alz, Tel. 08634-9885-0

Knobel- und Problemlösungsspiele
z.B. Streichholzrätsel, verschiedene Denkaufgaben
Verschiedene Anbieter oder selbst hergestellt

Labyrinth zu viert
Vier Spieler bringen eine Kugel durch das Labyrinth.
Rainbow Training Equipment Christiane Arenz Hevinghausen 119,
53804 Much, Tel. 02245-3349

Liegende 8
Balance- und Bewegungsspiel, bei dem eine Kugel über eine Form
gerollt wird.
Creativ Concept, Postfach 26, 55296 Harxheim Tel. 06138-980108

Partner-Kugelspiele
Verschiedene Formen. Partner müssen durch Ziehen an Schnüren
eine Kugel an das Ziel bringen.
Bartl GmbH, Brunnthaler Str. 17, D-84518 Garching/Alz,
Tel. 08634-9885-0

Ringpuzzles
Verschiedene knifflige Aufgaben, bei denen ein Ring aus
seiner Verschlingung entfernt werden muss.
Bartl GmbH, Brunnthaler Str. 17, D-84518 Garching/Alz,
Tel. 08634-9885-0

Solitaire
32 Kugeln sind auf dem Spielfeld platziert, nur die Mitte bleibt frei.
Durch Überspringen werden Kugeln aus dem Spiel genommen.
Optimales Ergebnis: Nur eine Kugel bleibt übrig.
Verschiedene Anbieter, u.a. Creativ Concept,
Postfach 26, 55296 Harxheim, Tel. 06138-980108

Tangram
Holz- oder Metallteile werden zu verschiedenen Formen zusammengelegt.
Verschiedene Anbieter, Spielwarenhandel

Tischlabyrinth
Kunstvoll an Löchern vorbei muss eine Kugel durch ein Labyrinth an das Ziel gebracht werden.
Bartl GmbH, Brunnthaler Str. 17, D-84518 Garching/Alz, Tel. 08634-9885-0

Vier gewinnt
Strategiespiel zu zweit, bei dem es darauf ankommt, die eigenen Spielsteine so einzusetzen, dass vier in einer Reihe platziert sind.
Ravensburger, Spielwarenhandel

2 E.ffektiv informieren ... in unterschiedlichen Seminarphasen

Phase: Effektiv informieren

R.E.Z.E.P.T.

R.E.Z.E.P.T. Komponenten	Ziel und Aufgabe	Spiele und Rezepte
Informations-präsentation	• Bedürfnisse und Betroffenheit wecken	spiel. aktivierende Methoden
	♟ Grundwissen vermitteln	Denk-, Lern- und Wissensspiele
	♟ Begriffe klären	Bilder und Metaphern
	♟ Probleme aufzeigen	Rollenspiel
	• Standorte verunsichern	
	• herausfordern	

Die Informationspräsentation

In der Seminarphase der Informations-Präsentation geht es um die Vermittlung von Wissen: Der Stoff wird präsentiert, Begriffe werden geklärt, Sachverhalte oder Probleme aufgezeigt. Wichtig ist es, das Interesse der Gruppe für das Thema zu wecken. Effektives Informieren wird umso leichter, je mehr Betroffenheit entsteht: wenn ein Bedürfnis nach Information aufkommt und die Teilnehmenden die Auseinandersetzung mit dem Thema gezielt suchen.

Die Phase der Informationsvermittlung ist die wichtigste und gleichzeitig schwächste Stelle im Ablauf von Bildungsveranstaltungen. In keiner Seminarphase ist die Versuchung größer, die Teilnehmenden zu langweilen. Sie werden durch Folienvorträge und Frontalunterricht in eine passive, rezeptive Haltung gedrängt. Häufig sind die Inhalte zu ausführlich, komplex und detailreich und dadurch schwer in ansprechende und abwechslungsreiche Methodik umzusetzen.

M. Birkenbihl und R. Ackermann empfehlen, die Zeit von 20 Minuten für eine teilnehmerorientierte Informationspräsentation nicht zu überschreiten und die Inputphasen mit aktiven Verarbeitungsschritten abzuwechseln.

Wir empfehlen, die Informationspräsentation mit Spielen, Bildern, Kurzdemonstrationen und anderen erlebnisorientierten Methoden anzureichern. Sie bieten eine anregende Vielfalt, vereinfachen, verdeutlichen und bringen auf den Punkt.

Dabei können Bilder und spielerische Elemente ...

- ... der **Ausgangspunkt** Ihrer Informationspräsentation sein. Sie sind der Einstieg und liefern Ihnen eine thematische Ausgangsbasis oder den Problemaufriss.

- ... Ihre **Informationspräsentation** begleiten. Sie unterstützen die Präsentation und Sie pendeln zwischen Methode und Thema und verknüpfen in Ihren Äußerungen beides miteinander.

- ... die **Zusammenfassung** des von Ihnen Gesagten sein. Sie stehen am Ende Ihrer Informationspräsentation und präzisieren die Inhalte nochmals.

Um einen komplexen Inhalt in seiner Kernaussage zu beschreiben und zu verankern, eignen sich z.B. Bilder und Metaphern: Das nebenstehende Beispiel wurde von einer Teilnehmerin bei einem Train-the-Trainer entwickelt und zeigt, wieviel ein gut gewähltes Bild zu leisten vermag. Es eignet sich nämlich hier nicht nur dazu, den TeilnehmerInnen den Lerninhalt auf ansprechende Art und Weise zu vermitteln, sondern es bietet Ihnen zugleich eine wichtige Anregung, wie Sie Ihrerseits Ihren Kundinnen und Kunden am Telefon den Sachverhalt anschaulich erklären können.

Und noch mehr ist möglich: denn beim Bild im Kopf muss es ja nicht bleiben. Ein selbst hergestelltes Haus mit einigen humorvollen Gegenständen darin könnte zum Trainingsmaterial werden, mit dem sich diese Trainingssequenz wirkungsvoll inszenieren lässt. ▶ *Z.ielgerichtet inszenieren ... mit dramaturgischen Elementen, S. 117)*

Empfehlenswert als Ideenpool für die Phase der `effektiven Information´ sind auch Ansätze der (Fach-)Richtung Suggestopädie, wo es explizit um Ganzheitlichkeit und die Effizienz in Lernsituationen geht. Die entsprechenden Publikationen ▶ *Literatur zu Spielen und erlebnisorientierten Trainingsmethoden, S. 100* thematisieren den Nutzen und Einsatz von Lernspielen.

REZEPT mit Bild:

Aufgabe:
Im Fachtraining zum Thema Hausratversicherungen werden TeilnehmerInnen geschult, die später am Telefon Hausratversicherungen anbieten sollen.

Lernziel dieser Trainingssequenz:
Den TeilnehmerInnen soll vermittelt werden, welche Gegenstände durch die Hausratversicherung versichert sind und welche nicht.

Passendes Bild:
„Stellen Sie sich vor, vor Ihnen steht ein Haus. Sie nehmen das Dach ab, heben das Haus hoch und drehen es um. Alles, was nun herausfällt, ist im Rahmen einer Hausratversicherung ver-sichert. Alles, was außerhalb des Hauses ist (z.B. in der Garage oder der Mülltonne), ist nicht versichert."

Übertragung:
Die Trainingsteilnehmer-Innen nutzen das Bild des Hauses ebenfalls, um ihren Kunden am Telefon den ...

2 E.ffektiv informieren ... in unterschiedlichen Seminarphasen

Besonders schmackhaft können Sie Ihren Teilnehmern Ihren Lernstoff dann machen, wenn Sie mit Hilfe geeigneter `Grundrezepte´ passgenau eigene Lernspiele herstellen. Mit etwas Fantasie und Erfahrung lassen sich viele Spiele recht einfach fertigen und zielgerichtet variieren. Vor allem, wenn Sie wiederkehrende Seminar- oder Trainingssequenzen haben, lohnt es sich, nach einem passenden Spiel zu schauen oder dieses zu entwickeln
▶ *P.assgenau verarbeiten ... Lernstoff in Spiele,* S. 195.

Eine ausführliche Übersicht mit Lernspielen und Bezugsquellen finden Sie in Kapitel 2
▶ *Empfehlungen: Fertige Lernspiele, S. 104.*

... Sachverhalt Hausratversicherung anschaulich zu erklären.

Weiterentwicklung:
Für Ihre nächste Trainingssequenz fertigt die Trainerin ein Tischmodell aus Pappe mit abnehmbarem Dach und füllt es für die Demonstration mit entsprechend humorvollen Gegenständen.

Grundrezepte:
- Fertige Lernspiele
- Gesellschaftsspiele
- Lernspiele aus der Fernsehunterhaltung
- Kartenspiele
- Brettspiele, Würfelspiele

Phase: Passgenau verarbeiten

R.E.Z.E.P.T. Komponenten	Ziel und Aufgabe	Spiele und Rezepte
Informationsverarbeitung	♟ **Informationsverarbeitung** • Position beziehen ♟ **Erfolgserlebnisse vermitteln** • Störungen beheben ♟ **Alternativen herausarbeiten** • Konsequenzen diskutieren	Plan- und Simulationsspiele kooperative Spielaufgaben Rollenspiel
Interaktion	♟ **Teilnehmerkontakt aktivieren / steigern**	Selbsterfahrungs- und Vertrauensspiele Interaktionsspiele

Die Informationsverarbeitung

Im Anschluss an die Informationspräsentation befindet sich eine Verarbeitungsphase, weil die Lernenden die Gelegenheit brauchen, den Lernstoff zu verdauen, zu verankern und ggf. in einer Übung anzuwenden. Besonders, wenn die Informationspräsentation trocken und passiv war, ist der nachfolgende Seminarabschnitt ein günstiger Zeitpunkt, um wieder etwas für die Gruppe zu tun, d.h. die TeilnehmerInnen zu aktivieren und erneut miteinander in Kontakt zu bringen.

Passgenau verarbeiten heißt aber auch,

- Eigene Erfahrungen zu machen,
- das Vermittelte praktisch anzuwenden,
- praxisähnliche Bedingungen zu erleben,
- Erkenntnisse zu vertiefen und zu reflektieren,
- Beobachtungen auszutauschen.

Hier gibt es eine Vielzahl von möglichen Spielen, die wir kurz unter vier Oberbegriffen vorstellen möchten:

Methodisch geeignet sind **Denk-, Lern- und Wissenspiele**, am besten von Ihnen selbst auf Ihre Ziele, Teilnehmer und Rahmenbedingungen hin entwickelt und abgestimmt.

Ein Quizspiel, das bei Gruppen immer gut ankommt, ist der berühmte „Große Preis", natürlich humorvoll inszeniert, mit TV-gerechter Moderation, Musik und allem drum und dran.

Hinter den Feldern (Moderationskarten) an einer Pinnwand verbergen sich dann nicht nur Fragen zum Fachgebiet, sondern auch Glücksfelder und auflockernde Spiele, Rollenspiele oder Aktionen.

Die große Prüfung	Mode	Rede	Technik	0–5	A+O
100	Welche Überlegungen sind wichtig, wenn Sie eine Moderation vorbereiten?	Welches sind die vier Verständlichmacher?	100	Aktion	100
200	Glückspunkte	200	200	200	200
300	Was kennzeichnet eine Moderation gegenüber einer Leitung?	300	Aktion	300	300
400	400	400	Rekonstruieren Sie den Ablauf von „Visuelle Synektik"	400	Glückspunkte
500	500	500	500	500	500

Wissen, Techniken und Verhaltensweisen lassen sich ebenfalls in **kooperativen Spielaufgaben** erproben: Von den Klassikern der Gruppendynamik bis zu den Problemlösungsaufgaben der Erlebnispädagogik gibt es eine Vielzahl von möglichen Kooperationsaufgaben für das Training.

Die Gruppen erhalten bei diesen Spielen eine klar definierte Aufgabenstellung und müssen, meist unter Einhaltung vorgegebener Regeln, eine optimale oder kreative Lösung erarbeiten. Ein wesentliches Element dieser Spiele ist dann wiederum die Reflexion – hier werden (verändertes) Verhalten und Lernerfolge thematisiert.

Im **Planspiel** haben die TeilnehmerInnen Gelegenheit, in vernetzten Zusammenhängen eine simulierte Realität zu erleben. Die meisten angebotenen Planspiele versuchen, komplexe Aspekte (wie z.B. Betriebswirtschaft oder Projektmanagement) in eine möglichst einfache Spielstruktur zu bringen und mit einer plakativen Rahmenhandlung zu versehen (z.B.: Wir sind die Produzenten von Mobiltelefonen. Oder: Wir sind das Kreiskrankenhaus XY). Entscheidungen, Vorgehensweisen und ihre Auswirkungen werden deutlich, das zuvor vermittelte Wissen wird praxisnah angewandt.

Ein Nachteil dieser Spiele war lange Zeit die einseitig kognitive Orientierung, inzwischen bemühen sich die Autoren jedoch auch hier, verhaltensorientierte Elemente stärker zu integrieren oder bei der Auswertung der Planspiele mit zu berücksichtigen.

Das **Rollenspiel** ist die `preiswerte Alternative´, bzw. Ergänzung zum Planspiel. Die Rollenvorgaben stellen den Ausschnitt einer Gesamtsituation dar (z.B. ein Gespräch mit dem Chef) und geben darin den Teilnehmern die Gelegenheit zum vertiefenden Üben. Hier gibt es in der Literatur viele `fertig´ ausformulierte Spielvorschläge, es lassen sich jedoch auch situativ effektvolle Rollenspiele `aus dem Ärmel schütteln´.

Rezeptbücher mit Rollenspielen

„Kleine Planspiele für Helfer"
Anregungen zur Selbsthilfe, Reflexion, Supervision in Praxis und Ausbildung.
Rollenspiele und Impulse bearbeiten die Situation von „Helfern" und bringen deren Konflikte in Spielform.

Klaus A. DAIGL,
Lambertus-Verlag,
Freiburg

„Train The Trainer"
Arbeitshandbuch für Ausbilder und Dozenten. Enthält u.a.10 Rollenspiele, 4 Soziodramen und 7 Fallstudien zu verschiedenen Trainingsthemen und für verschiedene Zielgruppen.

Michael BIRKENBIHL,
Verlag Moderne Industrie,
Landsberg

„Rollenspiele schnell trainiert"
20 seminarerprobte Rollenspiele und Anleitungen zur Konstruktion von Rollenspielen.

Michael BIRKENBIHL,
mvg-Verlag im Verlag
Moderne Industrie,
Landsberg

„Das pädagogische Rollenspiel in der betrieblichen Praxis"
Konflikte bearbeiten. Eine Anleitung, wie man mit dem pädagogischen Rollenspielen Alltagsprobleme in betrieblichen Seminaren aufarbeiten kann.

BRENNER/CLAUSING u.a.
Windmühle GmbH,
Hamburg

"Das große Rollenspiel-Buch"
Grundtechniken, Anwendungsformen, Praxisbeispiele, Theorie, Praxis und Variationen des Rollenspiels als Lernmethode, bei der die Beteiligten in spielerischen `Als ob´-Situationen das Spektrum der eigenen Handlungsmöglichkeiten erweitern können.

Roger SCHALLER,
Beltz Verlag,
Weinheim und Basel

2 E.ffektiv informieren ... in unterschiedlichen Seminarphasen

„Arbeitskatalog der Übungen und Spiele Band 1"
Ein Verzeichnis von über 800 Gruppenübungen
und Rollenspielen
Lexikon für Trainer, Moderatoren, Bildungsreferenten
und Gruppenleiter, gegliedert nach den Gesichtspunkten:
Individuum und Gruppe, arbeitsbezogene und dynamische
Aspekte, Struktur und Prozess des Seminars,
Kommunikation.

WEBER/RÖSCHMANN
Windmühle GmbH,
Hamburg

„Arbeitskatalog der Übungen und Spiele Band 2"
Ein Verzeichnis von über 400 Gruppenübungen
und Rollenspielen
Mit diesem erweiterten Bd. 2 sind jetzt insgesamt
über 1200 Übungen und Rollenspielen lexikarisch
erfasst, stichwortartig beschrieben und nach Inhalten
und Zielen strukturiert.

Doris RÖSCHMANN
Windmühle GmbH,
Hamburg

Die Interaktion

Die Verarbeitungsphase lässt sich auch nutzen als Zeitpunkt für die Teilnehmenden, sich verstärkt miteinander zu beschäftigen und neue Parameter etwa für Nähe und Distanz, Offenheit und Zurückgezogenheit, Individualität und Gemeinschaft auszuhandeln.

Denn mit fortschreitendem Seminarverlauf wächst die Gruppe mehr und mehr zusammen, Kontakte intensivieren sich und Experimentierbereitschaft und Leistungsfähigkeit nehmen zu. Sie ist zu diesem Zeitpunkt auch offen für ehrliche Rückmeldungen und fordert sie sogar ein. Dieses Phänomen gilt es zu nutzen. Denn in der Verarbeitungsphase, wo zum Beispiel im Rollenspiel möglichst angstfrei agiert werden soll, ist es wichtig, dass in der Gruppe ein offenes Klima vorhanden ist. Um dies zu unterstützen, setzen wir Selbsterfahrungs- und Vertrauensspiele ein.

In diese Phase passen auch Spiele, die von den Teilnehmern die Auseinandersetzung mit sich selbst und das Überschreiten eigener innerer Grenzen verlangen:

- Spiele mit Körperkontakt
- Phantasiereisen
- Spiele, die Fähigkeiten und Stärken verdeutlichen
- Wahrnehmungsspiele
- Spiele, die das Thema Selbstbild/Fremdbild zum Gegenstand haben
- Spiele, die dazu anregen, sich mit Sinnhaftigkeit und Werten auseinanderzusetzen

Die Offenheit und Rückmeldefreudigkeit in dieser Phase erleichtern Spiele. TrainerIn und Methodik werden nicht mehr so oft in Frage gestellt, sondern von den TeilnehmerInnen als anregend für den eigenen Lernprozess empfunden.

Auch dies können Sie gewinnbringend einsetzen. Wenn Sie sich zu Seminarbeginn nicht sicher sind, wie eine Zielgruppe auf Spiele reagiert, starten Sie nicht ´auf Teufel komm raus´, sondern warten Sie mit dem Einsatz von Spielen, bis sich die Gruppe gefunden hat. So ersparen Sie sich das Arbeiten gegen Widerstände.

Interaktions-REZEPT:

Durch Geräusch leiten

Paarweise verteilen sich die TeilnehmerInnen im Raum. Einer der beiden schließt die Augen und lässt sich von seinem Gegenüber durch ein vorher vereinbartes Geräusch (z.B. summen, klatschen, Hände reiben) durch den Raum leiten. Nach angemessener Zeit (ca. 2 - 6 Minuten) erfolgt ein Rollentausch. Es kann eine kurze Reflexion zwischen den Partnern oder in der Gesamtgruppe zu den folgenden Themen stattfinden:

- führen/führen lassen
- Orientierung
- Wahrnehmung
- Vertrauen

Phase: Treffend fortsetzen

R.E.Z.E.P.T. Komponenten	Ziel und Aufgabe	Spiele und Rezepte
Transfer	♕ Übertragung in den Alltag	Rollenspiele metaphorische Spiele
Evaluation Schluss	♕ Auswertung ♕ Erfolgskontrolle • Lernzielkontrolle ♕ Feedback ♕ Abschied	Feedback-Spiele Denk-, Lern- und Wissensspiele Kooperations- und Kommunikationsspiele

Abgerundet werden Bildungveranstaltungen durch einen durchdachten Transfer: Das erlernte Wissen, Können oder Verhalten soll in den beruflichen Alltag übertragen werden. ▶ *T.reffend fortsetzen ... mit stimmigen Transfer-Methoden, S. 219.*

In allen Phasen von Bildungsveranstaltungen verdient der Transfer Aufmerksamkeit. Durch unterstützende Aktivitäten wird schon vor der Schlussphase eine Grundlage geschaffen. Die Transfereinheit selbst ist nicht die schlussendliche Übertragung, diese kann nur im Alltagsgeschehen erfolgen.

Der Transfer im Seminar bildet vielmehr einen Übergang, der tragfähig gestaltet werden kann. Übertragen auf unser Rezeptbild ist der Transfer der Blick auf den Speiseplan für die nächste Woche – das, was mit den (im Seminar) erprobten Zutaten in der heimischen Küche unter wirklichen Bedingungen zubereitet werden kann.

Die Frage des Transfers stellt sich nicht nur für die Sachebene. Denn in einem Seminar haben auch gruppendynamische Prozesse stattgefunden, es gab gemeinsame und individuelle Erlebnisse und Erfahrungen.

Drei Transferebenen		
Inhalt	Sachbildung	Wissenstransfer
Lerngruppe	Sozialbildung	Erfahrungstransfer
Individuum	Affektbildung	Erlebnistransfer

aus: Geißler: Schlußsituationen

Besonders gilt dieser Punkt für die Verhaltenstrainings mit sozialen und personenorientierten Lernzielen.

Vor allem durch Rollenspiele lassen sich Alltagssituationen simulieren und alle drei Transferebenen reflektieren. Aber auch metaphorische Spiele können eine anregende Hilfe zur Übertragung sein.

Das Schöne daran: Sie regen Fantasie und Kreativität an, und: nicht nur Inhalte und Erfahrungen aus dem Training können übertragen werden, auch die für die Zukunft noch beabsichtigten Lernprozesse können thematisiert werden.

2 E.ffektiv informieren ... in unterschiedlichen Seminarphasen

Eine Delikatesse zum Schluss:

Erzählfaden

Die Gruppe sitzt im Kreis. Es wird eine Frage gestellt oder ein beliebiges Thema angeschnitten. Die erste Person hat ein Wollknäuel, das aus Fäden unterschiedlicher Länge besteht. Sie darf so lange sprechen, bis der erste Faden abgerollt ist. Dann ist ihr Beitrag zuende und sie gibt das Wollknäuel weiter an die nächste Person usw.

Evaluation / Schluss

Naturgemäß ist die Schlusseinheit eines Trainings der Platz für Auswertung, Erfolgskontrolle, Feedback.

Hier eignen sich Feedbackspiele und spielerisch aktivierende Methoden zur Auswertung, oder einfach kleine, raffinierte Zutaten, durch die das obligatorische Schluss-Blitzlicht zur Delikatesse wird.

Ein Beispiel für eine solche Zutat ist der `Erzählfaden´. Bei diesem Spiel entstehen durch die unterschiedlich langen Fädchen und durch die Anforderung der Koordinierung von Sprache mit einer ungewohnten Bewegung witzige Situationen, die eine lockere Stimmung hervorbringen. Zudem wird das Seminargeschehen angemessen ausgewertet, denn die markanten Themen werden angesprochen.

Zur lebendigen Gestaltung einer Erfolgskontrolle eignen sich die schon benannten Denk-, Lern- und Wissensspiele, ähnlich denen, die sich auch in der Informationspräsentation und -verarbeitung anwenden lassen. Dadurch werden Wiederholungen initiiert, die für ein tiefergehendes Verstehen und Behalten notwendig sind.

Der Schluss des Seminars ist immer auch eine Abschiedssituation, in der Gruppe und Trainer, die sich je nach Thema mehr oder weniger intensiv kennengelernt haben, wieder getrennte Wege gehen. Dieser Aspekt wird nach unserer Erfahrung in vielen Trainings wenig berücksichtigt. Viele Gruppen wachsen in einem intensiven Training so

eng zusammen, dass ein einfaches Verabschieden zu wenig ist.
▶ *T.reffend fortsetzen ...in Schlusssituationen*, S. 233.

Ein spielerischer Abschied ist hier ein passendes Instrument und ein schönes Pendant zum spielerischen Einstieg. So wird das Seminar erst richtig rund.

Auch Interaktionsspiele, Kommunikations- und Kooperationsspiele lassen sich auf die Abschiedssituation beziehen.

So wird zum Beispiel aus dem Warming-Up-Spiel `Spots in Movement´ das Spiel `Servus-Spots´: Die TeilnehmerInnen erhalten Gelegenheit sich auf humorvolle, aber gleichzeitig auch persönliche Weise von den anderen zu verabschieden.

Käse schließt den Magen:

Servus-Spots

Zu schwungvoller Musik bewegen sich alle durch den Raum. Die Spielleitung bricht die Musik ab und gibt einen Impuls vor:

- möglichst schnell möglichst viele Hände schütteln
- sich Tränen der Rührung aus den Augen wischen
- sich gegenseitig anerkennend auf die Schulter klopfen
- der Seminarleitung anerkennend auf die Schulter klopfen
- einander wie am Bahnhof zuwinken
- ganz schnell drei Menschen etwas Nettes sagen
- zum Abschied allen leise „Servus" sagen ...

Wenn der Impuls ausgeführt ist, erklingt wieder Musik und man geht wieder durch den Raum bis der nächste Impuls genannt wird.

2 E.ffektiv informieren

> „Ich wage zu behaupten, dass die Zubereitung eines erlesenen Gerichts zwar nicht immer auf Anhieb gelingt, ein totales Misslingen aber ebensowenig zu befürchten ist, wenn die Grundzutaten von ausgezeichneter Qualität sind."
> Paul Bocuse

Wie informiere ich effektiv ...

... durch die Auswahl von Spielen?

Ein jeder Koch macht sich Gedanken, wie er das von seinen Gästen bestellte Menue Schritt für Schritt umsetzt. Welche Zutaten wählt er aus, um seinen Gästen ein geschmackliches Optimum zu präsentieren?

Uns TrainerInnen geht es nicht viel anders: Das Trainingsziel soll als leichte Kost zubereitet und ohne Übersättigung erreicht werden. Das Menue soll unseren Teilnehmern schmecken und ihren Erwartungen gerecht werden. Und wie die Köche stehen wir vor der Frage: Welche Zutaten passen und wo kaufen wir am besten ein?

In diesem Kapitel geben wir Ihnen Anregungen:

- Wo Sie in der Literatur Spiele zu welchen Themen finden
- Welche fertigen (Lern-)Spiele Sie wo erhalten können
- Wie Sie selber aus Grundideen Lernspiele entwickeln können

Das Einkaufszentrum für Spiele ist groß und unübersichtlich, eine Vielzahl von Einzelhändlern hat ein abwechslungsreiches Angebot. Wir möchten Ihnen den Durchblick in diesem Großmarkt erleichtern, damit Sie gezielt einkaufen gehen können. Jedoch – auch unsere Auswahlliste ist nur ein Ausschnitt oder besser gesagt: eine Grundausstattung an Zutaten!

Empfehlungen: Geeignete Spiele in Bestsellern

Unser Ausgangspunkt für diese Empfehlungsliste sind Ihre möglichen Lernziele ▶ *Checkliste: R.ichtig anfangen ... Spiele in das Training einplanen, S. 53.* Dazu haben wir in dreizehn verschiedenen Spielebüchern (Grundlage: die Bestsellerlisten der trainerbuch-Versandbuchhandlung) nach passenden Spielen geschaut und nennen Ihnen die ungefähre Anzahl der Spiele, die Sie zu diesem Lernziel im jeweiligen Buch finden.

Die angegebenen Zahlen sind „circa"-Zahlen. Leere Kästchen in den Zeilen bedeuten, dass in den entsprechenden Büchern keine Spiele zu diesen Inhalten ausgewiesen sind. Der Fettdruck markiert unsere qualitativen Favoriten zur Erreichung der Lernziele.

2 E.ffektiv informieren ... durch die Auswahl von Spiele

Lernziel	Buchempfehlung: Das Methoden-Set	Interaktionsspiele. I - VI	Kooperative Abenteuerspiele	Kreativ lehren und lernen	Ludus & Co.	LudoCards	Methodensammlung	New Games. Die neuen Spiele. I u. II	Praxis der Gruppendynamik	Spielbar	Spiele: Der Punkt auf dem i	Steiner Spielkartei	TAM Spiele- und Methoden-Set
Auflockerung und Aktivierung nach Pausen	40	20	30	10	**50**	40	20	**60**		40	50	**50**	50
Feedback	**20**	**20**	20		15		10		5	**10**	10	5	20
Führung erleben			**10**		5	5	10		**5**	**20**			5
Kommunikation verbessern	20	20	**50**	5	20	20	**20**		20	40	**30**	15	25
Kontakte fördern	**45**	10	30	5	**30**	30	**20**	45		30	30	30	20
Kooperation einüben	15	10	**50**		10	15	20	30	**10**	**30**	5	30	20
Körpersprache einsetzen					**10**	20	5			**5**	15	**10**	
Kreative Prozesse anregen	10			5	10	**20**	10		5	**30**	15	10	**15**
Selbst- und Fremdbeobachtung	15	50	30		**10**		5		**20**	**35**	20		15
Soziale Kompetenz fördern		25	**50**		5	15		**45**	5	40		20	**25**
Spannungen und Ängste abbauen	40	25	30	15			5	20		**30**	**30**	30	**35**
Standpunkte vertreten	**60**	**30**			10	**15**			5	15	10	15	10
Strukturiert vorgehen	15		**50**		5	15	5		**10**	**20**	5	10	20
Vertrauen entwickeln	5	15	**10**				5			**20**	5	5	**15**
Wahrnehmungsfähigkeit verbessern	5	10		**15**		20		10	**25**	15	15	**15**	
Wissen spielerisch vermitteln	**50**			**15**	15					10	5		5
Lerntransfer	**30**		5	**5**		5	15			10	**25**		5

Funcke/Rachow: Rezeptbuch für lebendiges Training – ©2002 managerSeminare

Literatur zu Spielen und erlebnisorientierten Trainingsmethoden

Diese Bücher repräsentieren den aktuellen Stand geeigneter Spielebücher in der Weiterbildung. Markiert haben wir Ihnen die Bücher (♟), die wir als ein „Muss" für spielerisch-kreative TrainerInnen ansehen.

♟ **111 x Spaß am Abend**	Eine bunte Zusammenstellung von alten und neuen Bewegungs-, Kommunikations- und Rätselspielen. Eine Grundausstattung für Seminarleiter. **Doris RÖSCHMANN,** **Windmühle GmbH, Hamburg**
666 Spiele	Für jede Gruppe, für alle Situationen. Spielbeschreibungen für alle Gelegenheiten. Mit vielen Variationen und nützlichen Tipps. **Ulrich BAER,** **Kallmeyersche Verlagsbuchhandlung, Seelze**
Das Fünfzehnminutentheater	Anregungen und Spieltexte für das unterhaltsame Laienspiele von der Pantomime bis hin zum Sketch. **Toni BUDENZ und Edmund Johannes LUTZ,** **Don Bosco Verlag, München**
♟ **Das Methoden-Set**	5 Bücher für Referenten und Seminarleiter. Ein methodisch-didaktisches Grundwerk für teilnehmerorientierte Lernsituation: umfangreich, ausführlich und übersichtlich. **Reinhold RABENSTEIN u.a.,** **Ökotopia, Münster**
Der kreative Kick	Theoretische Überlegungen und sehr viele praktische Anregungen zum spielerischen Umgang mit unterschiedlichen Rollen im kreativen Prozess. **Roger VON OECH,** **Junfermann Verlag, Paderborn**

Drauflosspieltheater	Die wichtigsten Formen des darstellenden Spiels, verpackt in 350 originelle Spielideen. Mit nützlichen Hinweisen für den didaktisch-methodischen Einsatz. **Peter THIESEN,** **Beltz Verlag, Weinheim und Basel**
Erfolgreich Ideen finden	Viele Anregungen für kreative Vorgehensweisen, die einfach und wirkungsvoll die Ideenproduktion unterstützen. **Carmen THOMAS,** **Midena Verlag, München**
Gruppentraining	Ein Basiswerk, dem viele populäre Trainingsmethoden entnommen wurden. Die Übungen werden direkt mit den Kommunikationsthemen in Beziehung gesetzt. **Rainer E. KIRSTEN und Joachim MÜLLER-SCHWARZ,** **Rowohlt Taschenbuch Verlag, Reinbek**
Interaktionsspiele	Mehrere Bände mit unterschiedlichen Schwerpunkten. Die hier beschriebenen Spiele und Übungen zielen auf Persönlichkeitsentwicklung und Gruppendynamik. **Klaus VOPEL,** **Iskopress, Salzhausen**
♟ **Kooperative Abenteuerspiele**	Eine übersichtliche und praxisnahe Arbeitshilfe mit methodischen Tipps, Auswertungshilfen und Hinweisen für die Spielleitung. **Günter KISTNER und Rüdiger GILSDORF,** **Kallmeyersche Verlagsbuchhandlung, Seelze**
♟ **Kreativ lehren und lernen**	Ein Querschnitt durch ganzheitliche Methoden der Gestaltung von Lern- und Unterrichtssituationen auf dem Hintergrund von Suggestopädie und NLP. **Rolf ACKERMANN (Hrsg.),** **Gabal, Offenbach**
Kreativ sein kann jeder	Kreativitätstechniken und Übungen für Leiter von Projektgruppen, Arbeitsteams, Workshops und Seminaren. **Otto Georg WACK u.a.,** **Windmühle GmbH, Hamburg**

2 E.ffektiv informieren ... durch die Auswahl von Spielen

♟	**Ludus & Co. / LudoCards**	Eine Vielzahl anregender Übungen und spielerisch aktivierenderMethoden für alle Phasen von Bildungsveranstaltungen. **Axel RACHOW,** **managerSeminare Gerhard May Verlags GmbH, Bonn**
♟	**Methodensammlung** **für Trainerinnen und Trainer**	Praxisnah und übersichtlich finden sich in dieser Loseblatt-Sammlung Trainingsspiele, -übungen und -methoden **TRAINER- UND BERATERFORUM DüSSELDORF (Hrsg.),** **TBFD, Neuss**
	New Games. **Die neuen Spiele**	Lebendig, aktiv und mit viel Spaß im Vordergrund präsentieren sich hier in zwei Bänden Bewegungsspiele und wettbewerbsfreie Spiele. **Andrew FLÜGELMANN und Shoshana TEMBECK,** **Ahorn Verlag, Soyen**
♟	**Praxis der Gruppendynamik**	Fundiert beschriebene Übungen und Techniken der Gruppendynamik. Ein Klassiker mit unveränderter Aktualität. **Klaus ANTONS,** **Hogrefe, Göttingen**
♟	**Spielbar**	Erfolgreiche Trainer empfehlen bewährte Spiele für Führungskräftetrainings: Neue und altbekannte Spiele mit vielen Variationen. **Axel RACHOW (Hrsg.),** **managerSeminare Gerhard May Verlags GmbH, Bonn**
	TAM Spiele- und Methoden-Set	Ein pfiffiger und praktikabler Spiele- und Methodenmix, bei dem die Interaktion in der Gruppe im Vordergrund steht. **Artur ZOLL,** **Methodica-Verlag, Fulda**

☐ **Spiele: Der Punkt auf dem i**	Eine Vielzahl erprobter Spiele und Übungen für verschiedene Trainingssituationen. Gut gegliedert, mit kurzen Einführungstexten in die einzelnen Kapitel. **Gudrun WALLENWEIN,** **Beltz Verlag, Weinheim und Basel**
Theater-Werkstatt	Von der szenischen Improvisation bis zur Aufführung werden hilfreiche Praxistipps und über 100 Übungen angeboten. **Michael GRAU und Wolfgang KLINGAUF,** **Don Bosco Verlag, München**

Neben diesen Quellentexten gibt es ein bemerkenswertes Verzeichnis von Spielen und Übungen in zwei Bänden, das jedoch auf Grund fehlender Aktualität nur auf einen Teil der o.a. Bücher zugreift:

Arbeitskatalog der Übungen und Spiele	Ein Verzeichnis von über 800 Gruppenübungen und Rollenspielen. **Hermann WEBER,** **Windmühle GmbH, Hamburg**

Empfehlungen: Fertige Lernspiele

Einfach einkaufen, die Verpackung öffnen und losspielen: Das sind die Kriterien für die nachfolgenden Lernspiele. Bei diesen Spielen benötigen Sie keine weiteren Materialien und können sie passend zu Ihren Themen einsetzen.

Die Unterlagen für die Trainer sind so ausführlich, dass Sie schon bei der Vorbereitung Zeit gewinnen und Impulse für die Ausgestaltung Ihrer Trainingssequenz erhalten.

Kommunikation im Team	**„Das T"** Aus vier großen Holzteilen muss die Gruppe einen Buchstaben in „T"-Form zusammenlegen. Ein optisch ansprechendes Spiel besonders für Anfangssituationen. **Watermann, Gesser & Plegge, 02365-518104,** **petergesser@wgpartner.de, www.wgpartner.de**
Beratung, Coaching, Supervision, Therapie	**Beraterkarten** Die Beraterkarten unterstützen mit ihren Fragen systemische Beratungsprozesse und die Arbeit mit dem Simmerl-Figurenkabinett. **Trainingsideen Simmerl, 09571-4333,** **trainings-ideen@simmerl.de, www.trainingsideen.de**
Arbeitsorganisation, Führung, Kommunikation, Team	**Blue Edition** Mit verbunden Augen koordinieren die Teilnehmer Kunststoffelemente nach einer konkreten Aufgabenstellung. **ILOS, 06441-951360,** **actionlearning@ilos-institut.de, www.ilos-institut.de**

2 E.ffektiv informieren ... durch die Auswahl von Spiele

Kommunikation, Kreativität, Phantasie	**Crearctiv** 50 leicht gekrümmte Bausteine regen die Phantasie an und können zur Auflockerung im Kommunikationstraining oder in Pausen eingesetzt werden. **Neuland GmbH, 06659-880,** **shop@neuland-online.de, www.neuland-online.de**
Kommunikation, strukturierte Zusammenarbeit, Team	**Die Brücke** Aus 50 massiven Einzelteilen baut ein Team eine 4 m lange Holzbrücke. Die Phasen: Besichtigung, Planung und Bau werden anschließend reflektiert. **WBS Training AG, 0711-6664313,** **Boettcher@wbstraining.de, www.wbstraining.de**
Genauigkeit und Schnelligkeit in Selbst- und Changemanagement-Prozessen	**Dots** Gleichzeitig decken die Spieler Bildkarten auf und zählen blitzartig die Anzahl der abgebildeten, oft versteckten Kugeln. Wer das am schnellsten schafft, gewinnt die Runde! **Trainingsideen Simmerl, 09571-4333,** **trainings-ideen@simmerl.de, www.trainingsideen.de**
Kommunikation, strukturierte Zusammenarbeit, Team	**Electric Maze®** Elektric Maze ist ein elektronisch programmierbarer Teppich, für den es mehrere Teamübungen von unterschiedlicher Dauer gibt. **Herrmann Institut Deutschland, 0661-605380,** **spinola@hid.de, www.hid.de**
Selbsteinschätzung, Fertigkeiten für Zusammenarbeit und Kommunikation reflektieren	**Entwicklungsspiel** Der Einstieg ins Seminar in Form eines Kartenspiels mit Anregungen zur Selbstreflektion. **Training Media, 06171-28660,** **TrainingMedia@t-online.de, www.trainingmedia.de**

2 E.ffektiv informieren ... durch die Auswahl von Spielen

Feedback geben und empfangen, positive Verstärkung	**Feedback-Spiel** Ein anregendes und auflockerndes Kartenspiel zum Thema Feedback mit Spielvarianten und ausführlichem Handbuch. **Training Media, 06171-28660,** **TrainingMedia@t-online.de, www.trainingmedia.de**
Beratung, Coaching, Supervision, Team- und Organisationsentwicklung	**Figurenkabinett** Mit den 24 Holzfingerpuppen mit unterschiedlichen Charakteren können komplexe Situationen oder Probleme schnell und leicht visualisiert werden. **Trainingsideen Simmerl, 09571-4333,** **trainings-ideen@simmerl.de, www.trainingsideen.de**
Arbeitsorganisation, Entscheidungsvermögen, Führung, Kreativität, Teamfähigkeit	**Green Edition** Im Wettbewerb konstruieren verschiedene Teams aus Einzelelementen jeweils einen möglichst hohen Turm. **ILOS, 06441-951360,** **actionlearning@ilos-institut.de, www.ilos-institut.de**
Kooperation, Selbstorganisation	**HDI-Puzzle** Als Team wird aus 96 Teilen ein Puzzle zusammengesetzt und der zu beobachtende Prozess entsprechend unter den Kriterien Initiative, Selbstorganisation, Führung und Info-Management ausgewertet. **Herrmann Institut Deutschland, 0661-605380,** **spinola@hid.de, www.hid.de**
Kennenlernen, Selbsteinschätzung	**HDI-Spiel** Auf Basis des HDI-Profil entwickelte Kartensätze, die in allen Team-, Persönlichkeits- und Verhaltenstrainings einsetzbar sind. **Herrmann Institut Deutschland, 0661-605380,** **spinola@hid.de, www.hid.de**

2 E.ffektiv informieren ... durch die Auswahl von Spiele

Arbeitsabläufe im Büro optimieren und Komplexität bewältigen	**Info.bazar** Typische Arbeitsabläufe in einer hierarchischen Bürokratie werden in zwei Spielrunden à 1,5 Std. simuliert, analysiert und optimiert. **EHTS, 02244-4205,** erika-herrenbrueck@netcologne.de, www.trainings-spiele.de
Coaching, Konfliktlösung, Organisationsstellen, Prozeßdiagnostik, Teamentwicklung	**Inszenario** 42 Figuren in sechs Formen und verschiedenen Farben und Größen bilden ein Set, mit dem sehr anschaulich Konflikte, Gruppenprozesse und Coachingsituationen dargestellt und bearbeitet werden können. **Königs-Coaching, 0791-857000,** info@koenigscoaching.de, www.koenigscoaching.de
Kreativität	**Kubi-Box** Vier farbige, unregelmäßige Quader aus Plastik müssen in einen schwarzen Kasten eingepasst werden. **Herrmann Institut Deutschland, 0661-605380,** spinola@hid.de, www.hid.de
Kommunikation, kreative Lösungen, strukturierte Zusammenarbeit, Team	**NetWork®** Ein Tisch- oder Standgerät mit dem 4-8 Teilnehmern versuchen ein gemeinsames Ziel zu markieren. **Herrmann Institut Deutschland, 0661-605380,** spinola@hid.de, www.hid.de
Kommunikation, Kreativität, Selbstreflexion	**OH-Koffer** 10 unterschiedliche Sätze von Bildkarten regen den assoziativen Zugang zu persönlichen oder kollektiven Fragestellungen an. Auch geeignet als Einstieg in Teamsituationen oder Prozesse. **OH-Verlag, 07661-6312,** OH-Publishing@t-online.de

Freundlichkeit, Kundenorientierung	**Potential Freundlichkeit** Acht emotionale Persönlichkeits-Potentiale werden in Form des „Mitmach-Theaters" in dialogischen Rollenspielen trainiert. **Klaus Bettag, 04792-616,** **klausbettag@ngi.de**
Kommunikation, kreative Lösungen, strukturierte Zusammenarbeit, Team	**Pyramid®** 8-16 Teilnehmer platzieren gemeinsam Objekte über eine Seilkonstruktion an einem Stativ. **Herrmann Institut Deutschland, 0661-605380,** **spinola@hid.de, www.hid.de**
Kommunikation, Kooperation, Problemlösung	**Quadrat-Übung / Spiel der Stummen** Der Spieleklassiker der Gruppendynamik als Quadrat oder Sechseck in hochwertigem Plexiglas. **D.A.R.T., 0221-735545,** **axelrachow@aol.com**
Kommunikation, kreative Lösungen, strukturierte Zusammenarbeit, Team	**Rainbow Action-Learning** Diese Outdoor-Spielesammlung bietet als Set verschiedene Teamübungen und Outdoor-Klassiker mit allen Materialien in einer praktischen Tasche. **Rainbow-Training-Equipment, 02245-3349**
Haltungen und Einstellungen von Mitgliedern einer Organisaton, Veränderungsprozesse	**Reflection Cards** 16 ausdrucksstarke Symbolkarten und 80 Ereigniskarten regen die Teilnehmer zur Beschreibung und Auseinandersetzung mit Haltungen und Einstellungen in Veränderungsprozessen an. **t.a.l.k., 04135-822626,** **info@t-a-l-k.de, www.t-a-l-k.de**
Kommunikation, komplexes Denken, Rhetorik Selbstreflexion	**Reflecto** Verhaltenssprüche auf 64 Aussagekarten regen zur Selbstreflexion und zur Gruppendiskussion über persönliche Einstellungen und Erfahrungen an. **managerSeminare, 0228-9779110,** **info@managerseminare.de, www.managerseminare.de**

2 E.ffektiv informieren ... durch die Auswahl von Spiele

Arbeitsorganisation, Führung, komplexes Denken, Teamfähigkeit	**Red Edition** Als Team wird, entsprechend einer Vorlage, ein Objekt aus Kunststoffelementen erstellt. Entscheidend sind die vorgegebenen Spielrestriktionen. **ILOS, 06441-951360,** actionlearning@ilos-institut.de, www.ilos-institut.de
Freundlichkeit, Kundenorientierung, Service	**Serwiss** Wissensfragen und Rollenspiele, verpackt in einen spielerischen Wettbewerb, reizen zur lebendigen Auseinandersetzung mit dem Thema Kundenorientierung. **Neuland GmbH, 06659-880,** shop@neuland-online.de, www.neuland-online.de
Auflockerung, innere Dialoge, Konzentration (z.B. für Verkauf oder Teamtraining), Reflexion, Wahrnehmung	**Speed** Zwei Spieler versuchen, so schnell wie möglich und wild durcheinander alle ihre Karten loszuwerden. Beim Ablegen der Karten müssen bestimmte Merkmale übereinstimmen. **Trainingsideen Simmerl, 09571-4333,** trainings-ideen@simmerl.de, www.trainingsideen.de
Kommunikation, verbaler Ausdruck	**Tacheles** 60 Aussagekarten regen zur Auseinandersetzung mit der persönlichen und (gruppen- oder unternehmens-) internen Kommunikation an. **managerSeminare, 0228-9779110,** info@managerseminare.de, www.managerseminare.de
Führung, Kommunikation, Projektmanagement, Ressourcennutzung, Umgang mit Stressfaktoren, Wissensmanagement	**Team in Action** Dieses Interaktionsspiel bildet einen Wertschöpfungsprozess ab. Die Unternehmen besitzen Ressourcen, die effizient eingesetzt werden und für die Leistungserstellung optimal zusammenspielen müssen. **Inter Aktion, 0041-1-4225555,** rathert@interaktion.org, www.interaction.org

Ergebnisoptimierung, Führungskompetenz, Teamarbeit	**Team & Boss®** Hand in Hand agieren die Teilnehmer als Produktionsteam und erhalten dabei Impulse zu den Themen Kosten-Leistungsrechnung, KVP und den Dimensionen von Teamarbeit. **EHTS, 02244-4205,** **erika-herrenbrueck@netcologne.de,** **www.trainings-spiele.de**
Wettbewerb, Zusammenarbeit im Team, Zusammenhänge an der Börse	**Teambörse** In dieser 1,5-stündigen Börsensimulationen erleben 20-40 TN das Zusammenspiel von realem Markt und Aktienmarkt. **Inter Aktion, 0041-1-4225555,** **rathert@interaktion.org, www.interaction.org**
Auflockerung, Bewegung, Kommunikation, Zusammenarbeit	**TeamTrek®** Als „Rasenski" ist diese Teamaktivität bekannt geworden: 3-4 Teilnehmer müssen ihre Bewegungen koordinieren, um vorwärts zu kommen. **Herrmann Institut Deutschland, 0661-605380,** **spinola@hid.de, www.hid.de**
Kundenorientierung, Service, Kommunikation, Einstellungen	**Venditio I + II** Mit jeweils 100 Aufgabenkarten setzen sich die Mitspieler in Rollenspielen mit ihrer Arbeit als Verkäufer gegenüber ihren Kunden und ihren Produkten / Leistungen auseinander. **managerSeminare, 0228-9779110,** **info@managerseminare.de, www.managerseminare.de**
Führung, Kommunikation, Problemlösung, Zielsetzung, Zusammenarbeit	**Virtual World** Outdoor-Orientierungsspiel: Hier muss die Gruppe mit Kompass und diversen Planungshilfen vorgegebene Punkte ansteuern. **Praxisfeld, 02191-4645512** **bernd.kappeller@praxisfeld.de, www.praxisfeld.de**

Wissensmanagement	**WissensTangram**  Arbeitsteilig und mit unterschiedlichen Ausgangsvoraussetzungen müssen Teams unter Zeitdruck Tangram-Figuren legen. Für Kommunikationsabläufe und Wissenstransfer. **EHTS, 0 22 44 / 42 05,** erika-herrenbrueck@netcologne.de, www.trainings-spiele.de
Beratung, Moderation, persönliches Coaching, Problemlösung	**Zugangskarten** 81 Karten regen mit ihren Fragestellungen zur Selbstreflexion und einem Umgang mit inneren Entscheidungsprozessen an. **Trainingsideen Simmerl, 0 95 71 / 43 33,** trainings-ideen@simmerl.de, www.trainingsideen.de

 Denk-, Lern- und Wissensspiele selbst entwickeln

Denk-, Lern- und Wissensspiele sind gute Methoden, um Inhalte aktiv darzustellen, zu verdeutlichen und einzuüben. Im Gegensatz zu den verhaltensorientierten Spielen gibt es hier weniger Empfehlungen oder fertige Produkte. Als TrainerIn müssen Sie mehr Eigenleistung erbringen. Der Grund hierfür ist die Individualität des Lernstoffes, der im Wissensspiel `festgeschrieben´ wird. Ähnlich den Texten der Teilnehmerunterlagen gibt es hier Nuancen, Formulierungen und Ergänzungen, die dem einen Trainer wichtiger sind, dem anderen nicht.

Besonders schmackhaft können Sie Ihren TeilnehmernInnen den Lernstoff dann machen, wenn Sie mit Hilfe geeigneter `Grundrezepte´ passgenau eigene Lernspiele herstellen. Mit etwas Fantasie und Erfahrung lassen sich viele Spiele recht einfach fertigen und zielgerichtet variieren. ▶ *P.assgenau verarbeiten ... Lernstoff in Spiele, S. 195.*

Bewährt hat sich die Suche nach Grundmustern, die sowohl eine ausgeprägte spielerische Komponente, als auch eine Wissenskomponente besitzen. Beides muss vorhanden sein, denn die spielerische Komponente motiviert den Einzelnen oder das Team und die Wissenskomponente stellt den Bezug zum Seminar her.

Bei vielen Lernspielen wird die spielerische Komponente vernachlässigt. Es entstehen dann (oft mit sehr viel Arbeit und Energie entwickelte) Spiele, die auf die Lernenden keinen Reiz ausüben. Sie animieren zur einmaligen Beschäftigung, dann ist der Reiz verloren und das Spiel wandert in den Fundus.

Ganz anders, wenn z.B. die spielerische Komponente Punkte sammeln, verdienen oder Wettbewerb heißt. Die dadurch ausgelöste Spannung überträgt sich auf die Lernsituation. Die persönliche Betroffenheit und das Engagement wachsen. Die Teilnehmer wollen sich beschäftigen und fragen von alleine nach weiteren Spielen.

Bei Lernspielen muss es neben der Vermittlung von Wissen auch eine spannende Spiel- oder Spaß-Komponente geben.

Lernspiele aus der Fernsehunterhaltung

Die Grundmuster vieler Quizsendungen im Fernsehen sind einfach und leicht übertragbar. Es geht darum, dass Wissensgebiete nach unterschiedlichen Regeln und mit unterschiedlichem Setting abgefragt und entsprechend Punkte verteilt werden. Die Regeln sind leicht verständlich und so populär, dass wir sie als Spielleitung oft gar nicht erklären brauchen. Die Hauptarbeit für uns Trainer besteht in der Ausarbeitung der Fragen. Der damit verbundene Aufwand lohnt sich, denn die systematische Beschäftigung mit dem Thema dient auch dem Trainer zur Focussierung und Klärung. Das Beantworten der Fragen als Handlungsform kann auch durch Aktionsmomente wie Rollenspiele oder Aufgabenstellungen aufgepeppt werden, dadurch erhält neben der Wissens- auch die Verhaltenskomponente ihren Platz.

TV-Unterhaltung und Quizspiele

- Der große Preis / Jeopardy
- Wer wird Millionär? (RTL mit Günter Jauch)
- Cash – Das eine-Million-Mark-Quiz (ZDF mit Ulla Kock am Brink)
- Montagsmaler
- Dalli Dalli

Ein Spielfeld muss für Quizspiele nicht geschaffen werden, Pinwände und Flip-Chart reichen als Visualisierungshilfen aus und mit wenigen Handgriffen erhält der Seminarraum den passenden Studiocharakter.

Immer dann, wenn in der Originalsendung Einzelpersonen als Spieler agieren, setzen wir Teams ein und lassen Stellvertreter agieren. So wird die gesamte Seminargruppe integriert.

Kartenspiele

Kartenspiele
- Frage – Antwort
- Memory
- Zuordnen
- Quartett

Kartenspiele sind den TeilnehmerInnen in der Regel vertraut. Verschiedene bekannte Grundmuster bieten sich an, ohne viel Aufwand Inhalte in Spielform zu verarbeiten. Die hierzu erforderlichen Blankokarten lassen sich einfach selbst schneiden oder im Fachhandel beziehen. Spielvarianten sind reichlich denkbar, der Fantasie sind keine Grenzen gesetzt.

Spannung können Sie z.B. dadurch erzeugen, dass Sie verschiedene Spiele miteinander kombinieren oder Spiele durch zusätzliche Regeln ergänzen. Ein einfaches Frage- und Antwort-Spiel z.B. kann TeilnehmerInnen fesseln:

- Wenn es durch einen zusätzlichen Namenskartensatz immer wieder spannend bleibt, wer die nächste Frage beantworten muss.

- Wenn Joker oder schwarze Peter mit Spezialaufgaben oder Überraschungen untergemischt werden.

- Wenn im Wettbewerb auf Zeit Fragen und richtige Antworten zusortiert werden müssen.

Brettspiele / Würfelspiele

Beliebige, anregend gestaltete Spielfelder mit Wissens- und Ereignisfeldern sind das ganze Geheimnis, wenn es um die Herstellung eines geeigneten Brettspiels geht. Mit überraschenden Aktionsfeldern können Sie Abwechslung und Spielfreude erzeugen. Mit Frage-, Ereignis- und Aktionskarten lassen sich die Brett- und die Kartenspiel-Idee gut kombinieren.

Vorwärts bewegt wird sich mit einem Würfel, der Zufall bestimmt, welche Fragen beantwortet oder Aufgaben bewältigt werden müssen, bis das Spielziel erreicht ist. Durch den Einsatz von mehreren Spielfiguren und mehreren Würfeln pro Person / Gruppe, lässt sich auch ein strategischer Aspekt integrieren. Brettspiele sind als gemeinsame Gruppenherausforderung, als Team- oder Einzelwettbewerb spielbar. Ein Spielbrett kann tischgerecht gestaltet sein, sie können aber auch den ganzen Raum zum Spielbrett machen – passende Würfel gibt es im Fachhandel in allen Größen und Variationen.

Brettspiele / Würfelspiele
- Das Endlos-Lernspiel
  ▶ S. 239
- Monopoly
- Das Leiterspiel
- Mensch ärgere Dich nicht

Gesellschaftsspiele

Gesellschaftsspiele
- Tabu
- Outburst
- Activity
- Visionary
- Lexikonspiel

Es lohnt sich, den Gesellschaftsspiel-Markt zu beobachten und sich im Freundes- und Bekanntenkreis umzuhören, was gerade `in´ ist: Denn immer wieder tauchen neue Gesellschaftsspiele auf, deren Grundmuster geradezu ideal sind, um sie im Seminar einzusetzen. Ein Beispiel ist das bekannte Spiel `Tabu´, bei dem Mitgliedern des eigenen Teams ein Begriff erklärt werden muss. Bestimmte Wörter sind dabei tabu und dürfen nicht genannt werden. Schon im Originalzustand ist Tabu eine wunderbar aktivierende, lustvolle Übung für das Rhetorikseminar oder das Kreativitätstraining. Für das Vertiefen von Lernstoff oder das Wiederholen von Fachbegriffen lässt es sich leicht umarbeiten.

Insgesamt kommt es bei der Auswahl von Spielen darauf an, das zu finden, was der Situation, der Gruppe und Ihrer Trainerpersönlichkeit entspricht. Spielunerfahrene müssen sich durchwühlen durch das Dickicht der Möglichkeiten, durch das wir versucht haben, einen kleinen Pfad zu bahnen. Sie werden auch nicht umhin können, mal etwas auszuprobieren. Mit wachsender Erfahrung engt sich das Spektrum aber von selbst ein. Wir Autoren haben für uns geschätzt: Etwa 500 Spiele sind uns im Laufe der Jahre näher begegnet, ca. 120 haben wir präsent, aber nur ca. 60 davon setzen wir auch wirklich regelmäßig in Seminaren ein.

3 Z.ielgerichtet inszenieren

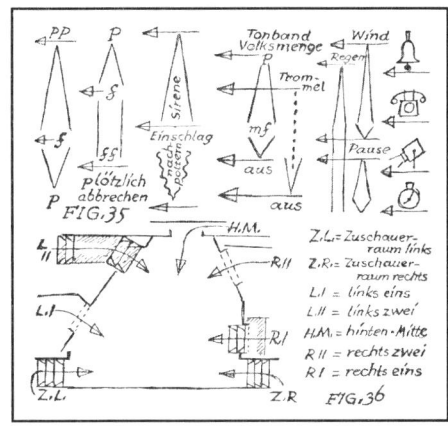

Karl Walter

Wie inszeniere ich gezielt ...

... mit dramaturgischen Elementen?

Ein Unterschied zwischen einem Essen und einem Festmahl ist die formvollendete Inszenierung. Das, was tagelang sorgfältig bis ins kleinste Detail in der Küche vorbereitet wurde, verliert an Bedeutung, wenn es nicht wirkungsvoll präsentiert wird.
Eine eindrucksvolle Inszenierung trägt wesentlich zum Gelingen von Spielsituationen bei. Es lohnt sich, die Einzelheiten im Inszenierungsmenue genauer zu betrachten.

In diesem Kapitel erfahren Sie:
- Wie Räume Spiele und Spiele Räume verändern
- Was Sie mit Requisiten bewirken können
- Wie sich Musik verwenden lässt
- Mit welchen Bausteinen Sie eine Seminardramaturgie entwickeln und variieren können

Inszenierungen als Appetitanreger:

- Machen Spaß und Lust
- Regen alle Sinne an
- Öffnen die Lernkanäle
- Fördern Fantasie und Kreativität
- Verankern Inhalte
- Fördern die Akzeptanz der Methodik
- Machen das Seminar zum Erlebnis

Immer, wenn Sie Spiele oder Spielsequenzen in Trainings einsetzen, lohnt es sich darüber nachzudenken, wie Sie diese wirkungsvoll und unvergesslich in Szene setzen und präsentieren können. Denn eine gekonnte Inszenierung und eine gute Präsentation haben eine beachtliche Wirkung auf die Seminaratmosphäre, das Gruppenklima, die Lernbereitschaft der Einzelnen, und nicht zuletzt auf die Akzeptanz der Methodik Spiel.

Spiele verändern Räume

Seminarräume besitzen in der Regel schon eine ideale Aufteilung für spielerische Inszenierungen: Die Teilnehmer sitzen im `Zuschauerraum´ und der Trainer agiert auf der `Bühne´ vor der Gruppe. Um ihn herum die `Kulissen´: Moderationswände und Flip-Chart. Dieses `Theater´ wird immer wieder neu gestaltet, je nachdem, welche Seminarmethoden eingesetzt werden. Das Thema und die hauptsächlich angewandten Methoden bestimmen in der Regel die Raumeinrichtung.

Im Fachtraining dominieren die Tische mit entsprechender Bestuhlung, im Verhaltenstraining finden sich mehr und mehr die reinen Stuhlkreise oder der Stuhlkreis mit Beistelltischen.

Sobald sich die Personenzahl erhöht, verändert sich das Arrangement: der frei zur Verfügung stehende

Platz nimmt ab und Tische und Stühle werden in gradliniger Form angeordnet.

Bestimmend für das Arrangement des Raumes sind verschiedene Faktoren. Je nachdem, wann wir als Trainer oder Moderatoren in die Planung miteinbezogen werden, können wir Einfluss auf das Setting nehmen.

Eine günstige Situation ist diese: Die inhaltliche Planung und das Seminardesign wird vor der Raumauswahl festgelegt und wir können das berühmte Wörtchen mitreden. So wählen wir den Veranstaltungsort passend zur Seminarmethodik oder der Rahmenhandlung aus.

Das Ideal hierbei ist eine ausreichende Freifläche neben den Sitzgelegenheiten. Oder zumindest die Möglichkeit, die Stühle so freizügig zu arrangieren, dass ein ausreichend großer Raum in der Mitte verbleibt.

In vielen Tagungshäusern finden wir nicht den ideal großen Raum, dafür aber geeignete Nebenräume, Freiflächen, Foyers oder Außenflächen. Der `Spielplatz´ wird dann zwar vom sonstigen Arbeiten getrennt, was der Dynamik des Spiels aber keinen Abbruch tut. Akquiseffekt hierbei: Andere Gäste und Gruppen werden aufmerksam und fragen interessiert nach ...

Räume verändern heißt aber auch: Mit offenen Augen durch das Tagungshaus gehen und Spielflächen suchen, die einen Reiz ausüben. Die Inszenierung zum Thema Feuerwehr wird bewusst so im Hotel verteilt, dass zwischen den einzelnen `Brandherden´ die kahlen Nottreppenhäuser benutzt werden.

Beispiel einer Raumgestaltung

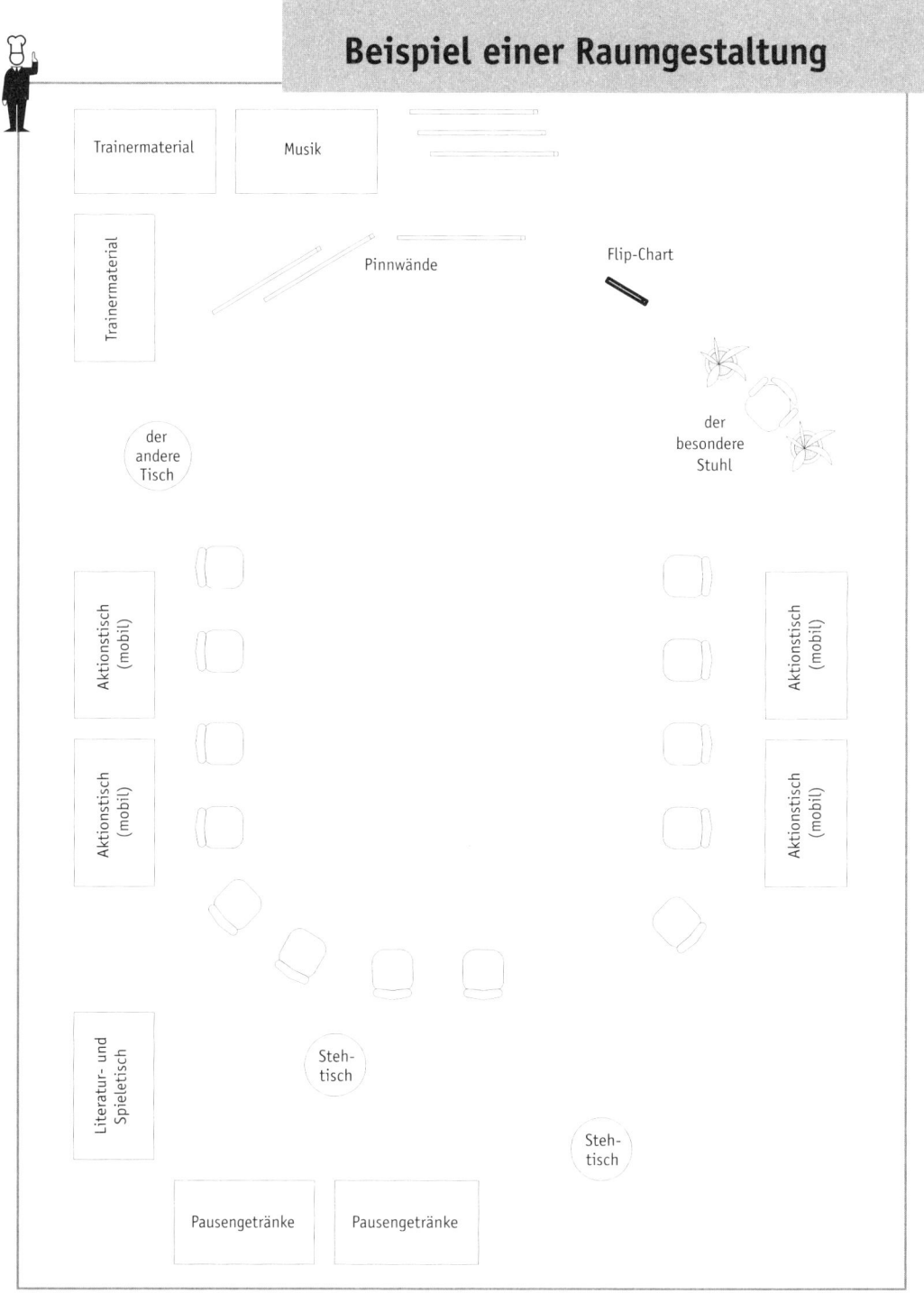

3 Z.ielgerichtet inszenieren ... mit dramaturgischen Elementen

Im Raum selber gilt unser Blick der Einrichtung und Dekoration. Spiegel, Bilder, Blumensäulen, bewegliche Pflanzenkübel und sogar der obligatorische Tisch mit den Pausengetränken können in die Inszenierung miteinbezogen werden. Gerade wenn wir eine Rahmenhandlung haben ▶ *R.ichtig anfangen ... Spiele in das Training einplanen, S. 44*, richtet sich unser Blick bei der Erstbegehung des Raumes auf diese Stilmittel.

Besonders bei Spielen, bei denen eine Präsentation ein wesentlicher Bestandteil des Spiels ist, achten wir auf die Raumgestaltung.

Das Beispiel vom `großen Eierfall´ (in Günter KISTNER: Kooperative Abenteuerspiele, siehe Folgeseite) zeigt, dass für eine wirkungsvolle Inszenierung kein erhöhter Materialaufwand betrieben werden muss, sondern vielmehr ein gezielter Blick auf die vorhandenen Mittel entscheidend ist.

REZEPT 1:

Mit offenen Augen durch das Tagungshaus gehen und reizvolle Spielflächen suchen

REZEPT 2:

Einrichtungsgegenstände und Dekoration im Raum als Stilmittel nutzen.

REZEPT für eine Raum-Inszenierung

Beim Spiel `Der große Eierfall´ entwickeln Teams unabhängig voneinander Konstruktionen, die es verhindern sollen, dass ein Ei aus einer Höhe von 2,50 Metern herunterfällt und zerplatzt. Nach einer Vorbereitungs- und Konstruktionsphase präsentieren die Kleingruppen ihre Ergebnisse.

Für die Präsentation gibt es ein in der entsprechenden Höhe gespanntes Seil und einen Tisch, damit man das Ei aus 2,50 m Höhe hinabfallen lassen kann. Hier bekommt die Inszenierung Bedeutung, denn rund um Seil und Tisch kann man verschiedene Gegenstände aufbauen, die die Präsentation ausschmücken:

- mit Pinwänden wird eine Rückwand gebildet, beschriftet und evtl. auch noch mit einem leichten Dekorationsstoff verhangen,
- die Stühle werden in Zuschauerreihen aufgebaut,
- an einem seitlichen Tisch sitzt der Wertungsrichter,
- eine Leiter für die Präsentierenden unterstützt den Eindruck von Höhe,
- Pflanzenkübel grenzen die Präsentationsfläche seitlich ab,
- auf einem weiteren Tisch befinden sich die Preise,
- ...

Vorab lassen wir unseren Blick über die Architektur des Raumes gleiten und entscheiden dann, wo wir die Präsentation aufbauen:

- zwischen Säulen des Raumes,
- im Rahmen der Flügeltür zum Nachbarraum,
- im Treppenhaus vor dem Raum,
- draußen,
- ...

Räume verändern Spiele

Der umgekehrte Fall: Die Räumlichkeiten sind vorgegeben und damit ein Rahmen abgesteckt, in dem wir uns mit unseren Spielen bewegen können. Diese Räume entlocken uns im günstigen Fall einen Jubelschrei, im ungünstigen Fall einen Stoßseufzer, bevor dann die Gedanken um die bange Frage: „Wie passen jetzt meine Spiele?" kreisen.

Die meisten Spiele lassen sich verändern und anpassen. Das Handicap, dies zu tun, liegt jedoch öfter bei uns selbst als in der räumlichen Situation begründet: Wir kennen ein Spiel auf eine ganz bestimmte (ideale) Weise und können uns erst einmal nicht vorstellen, dieses Spiel auch mit veränderten Rahmenbedingungen durchzuführen. Der bekannte Spielablauf gibt uns Sicherheit. Ein veränderter Verlauf bedeutet zunächst ein Risiko. Für uns. Denn die TeilnehmerInnen kennen das Spiel im Original wahrscheinlich nicht und wissen dadurch nicht um veränderte Abläufe und Dynamik.

REZEPT 3:

Spiele bei Bedarf verändern und an Rahmenbedingungen anpassen.

Das geplante Spiel geben wir nicht so schnell auf, sondern stellen uns entsprechend der Situation die folgenden Leitfragen:

- Wie kann das Spiel an eine andere Grundfläche angepasst werden?
- Kann das Spiel auch im Sitzen, Stehen, Gehen durchgeführt werden?
- Muss das Spiel in seiner Dynamik reduziert werden?
- Können mobile Elemente im Raum eingesetzt werden, um Gliederungen zu schaffen?
- Werden alle Gegenstände im Raum benötigt?
- Welche Bereiche im Raum dürfen von dem Spiel nicht berührt werden?

Die beiden folgenden Beispiele zeigen, wie wir Spiele an `ungünstige´ räumliche Bedingungen anpassen (Ein äußerst positiver Nebeneffekt dabei ist das gute Gefühl hinterher: Hier habe ich ein neues Spiel / eine neue Variante erfunden!).

1. Anpassung an den Raum bei ´Namenjonglage´

Das barocke Kloster Beilngriess in Bayern ist stimmungsvolle Kulisse für eine Vielzahl von Veranstaltungen. Für Spiele aber eher ungeeignet, da bei heftigen Schritten in den oberen Sälen die Stuckdecken der unteren Räume beschädigt werden. Spiegel, Lampen und Lüster dominieren den Raum und Verzierungen an den Wänden laden nicht zum Befestigen von Hilfsmitteln oder zum Kontakt mit Bällen ein.

Das geplante, lebhafte Kennenlernspiel ´Namenjonglage´, bei dem 1-7 Bälle und Gegenstände kreuz und quer geworfen werden, konnte in seiner Ursprungsdynamik nicht durchgeführt werden. So bekam es einen neuen Titel und wurde, passend zur Klosterszenerie, zum ´Flüsterkurs für Novizen´.

Das Flüstern hatte zur Konsequenz, dass sich die Abstände zwischen den TeilnehmerInnen verringerten – es musste nicht mehr so kraftvoll geworfen werden. Neues Ziel war es zudem, möglichst langsam zu werfen, das Klosterleben ist ja auch recht beschaulich.

Das Resultat: Die Bälle flogen nicht unkoordiniert und der niedrig hängende Kronleuchter wurde nur einmal unspektakulär durch einen Gegenstand berührt.

**REZEPT
Namenjonglage**

Im Kreis stehend, beginnt die Spielleitung, nennt den Namen eines TN und wirft ihm den Ball zu. Diese Person nennt wiederum einen Namen und wirft den Ball weiter.
Jede(r) erhält den Ball nur einmal, bis er wieder bei der Spielleitung angekommen ist. Diese Reihenfolge wird beibehalten und kann variiert werden:

1. Mit einem Ball anfangen und dann mehrere Bälle ins Spiel bringen.
2. Die gleiche Reihenfolge rückwärts spielen.
3. Alle bewegen sich während des Spiels im Raum.
4. Man sagt „Danke... (Name)" für jeden erhaltenen Ball und „Bitte... (Name)", wenn man dem Nächsten zuwirft.

REZEPT
Sprecher, Modell und blindes Huhn

In Kleingruppen à 3 TN gibt es drei Rollen: Sprecher, Modell und blindes Huhn. Das Modell sitzt in einer selbstgewählten (vielleicht auch komplizierten) Haltung auf einem Stuhl. Daneben sitzt auf einem zweiten Stuhl das blinde Huhn mit geschlossenen Augen.
Der davor stehende Sprecher hat nun die Aufgabe, dem blinden Huhn Anweisungen zu geben, bis dieses genauso sitzt wie das Modell. Rückfragen des Huhns sind nicht erlaubt.
Die erste Spielrunde endet, wenn der Sprecher mit seinen Erklärungen fertig ist und das Modell sein o.k. zu der kopierten Sitzhaltung gibt.
Zwei weitere Runden schließen sich an, bis jeder TN einmal jede Rolle hatte.

2. Anpassung an den Raum bei `Sprecher, Modell und blindes Huhn´

200 MitarbeiterInnen einer deutschen Großbank beschäftigen sich mit der internen Kommunikation. Die Teilnehmer sitzen hierbei auf Stühlen, die aus feuertechnischen Gründen fest miteinander verbunden sind. Trotzdem sollen in diese Veranstaltung Übungen integriert werden, die einerseits der Auflockerung dienen und andererseits das Veranstaltungsthema zum Gegenstand haben.

Das hierzu thematisch geeignete Kommunikationsspiel `Sprecher, Modell und blindes Huhn´ wird allerdings in Dreiergruppen im Sitzen auf frei beweglichen Stühlen durchgeführt. Anschließend werden die Rollen getauscht und das Kommunikationsverhalten reflektiert.

In einer Seminargruppe mit normaler Teilnehmerzahl bilden sich rasch die hierfür erforderlichen kleinen Gruppen, die Teilnehmer suchen sich mit ihren Stühlen einfach einen Platz im Raum und beginnen mit der Übung.

Für die Veranstaltung mit 200 Teilnehmern musste das Spiel jedoch etwas verändert werden. Zu Beginn erfolgte eine ausführliche Demonstration mit drei Teilnehmern auf der Bühne, anschließend wurden alle Teilnehmer aufgefordert, die Sitzreihen zu verlassen und in den Gängen, hinter den Stuhlreihen und vor der Bühne Dreiergruppen zu bilden: das Spiel wurde kurzerhand im Stehen durchgeführt. Zudem wurde der Platz vor dem Rednerpult zur Anlaufstelle für diejenigen definiert, die noch keine Spielpartner gefunden hatten.

Mehr Pep durch Requisiten

Inszenierungen gewinnen durch passende Requisiten. Daher richten wir einen intensiven Blick immer auch auf die Materialien, die für ein Spiel oder eine Inszenierung benötigt werden. Im folgenden Kapitel ▶ *Z.ielgerichtet inszenieren ... durch Auswahl und Gestaltung von Materialien, S. 137* werden wir noch den `Schmunzeleffekt´ beschreiben:

Materialien sollen originell und witzig sein. Dies gilt natürlich auch für die Requisite.

In vielen Tagungshäusern finden sich passende Gegenstände für Inszenierungen:

Der **andere Tisch** ist ein unerlässliches Requisit. Er sieht betont anders aus als die Standardtische im Seminarraum (z.B. ein Steh- oder Bistrotisch, ein Couchtisch, ein Rollwagen oder Beistelltisch aus dem Restaurant) und dient allen Formen der Präsentation: Gegenstände zeigen oder hervorheben, Ergebnisse präsentieren, die Stoppuhr platzieren, als Standort für Moderation und Rollenspiele oder als Treffpunkt in der Pause.

Der **besondere Stuhl** ergänzt den Tisch. Meist ist dies ein thronartiger Sessel aus dem Foyer oder ein Stuhl aus einem Tagungsraum mit andersartiger Einrichtung. Der Stuhl kann einen sehr wichtigen oder feierlichen Charakter bekommen: Wer hier sitzt, ob Trainer oder Teilnehmer, hat etwas Besonderes zu sagen, spielt eine bestimmte Rolle, wird besonders gelobt, gewürdigt oder ausgezeichnet. Er kann aber auch, mit Augenzwinkern, als `Marterstuhl´ dienen, z.B. wenn einzelne Teilnehmer Lerninhalte wiederholen sollen.

Zutaten für eine effektvolle Präsentation

- der andere Tisch
- der besondere Stuhl
- die belebenden Pflanzen
- das leichte Tuch
- der universelle Koffer
- der ausschweifende Blick

Die **belebenden Pflanzen**. Wer kennt Sie nicht, die bewachsenen Hydrokübel, die den Flur, das Foyer im Tagungsbereich oder den Raum selbst schmücken? Am liebsten haben wir sie paarweise und auf Rollen. So garnieren Sie ganz schnell den „anderen Stuhl", das Plakat mit dem Tagesablauf, die Aktionsflüche vor der Gruppe oder den Standort des Redners im Präsentationstraining. Oder sie tragen die Vorhaben der Teilnehmer und symbolisieren das Wachsen der Ideen ...
Bevor der Pflanzenkübel als ein im Weg stehendes Hindernis betrachtet wird, versuchen wir ihn lieber zu integrieren.

Das **leichte Tuch** befindet sich stets im Trainergepäck. Es hat das Format 2 x 2 m und ist aus einem leichten, effektvollen Deko- oder Futterstoff. Mit ihm lassen sich Pinwände, Tische oder Stühle abdecken oder es liegt in der Mitte des Raumes aus. Dann befinden sich darauf z.B. die Gegenstände oder Bilder für eine Eröffnungssequenz.

3 Zielgerichtet inszenieren ... mit dramaturgischen Elementen

Den **universellen Koffer** bringen wir mit. Hierin befinden sich zahlreiche Gegenstände mit originellem Charakter, die in ganz unterschiedlichen Situationen eingesetzt werden können. Diese Materialsammlung entsteht entweder im Laufe der Zeit oder durch eine beherzte Sammelaktion in Küche, Keller und Kinderzimmer. Diesen Koffer haben wir immer dabei, denn er passt mit seinem Inhalt genauso zur Teamentwicklung, wie zur Konfliktsteuerung oder in den Visionsworkshop.

Als Ergänzung oder Ersatz gibt es auch eine Lightversion des universellen Koffers: Das ist ein 10-minütiger Rundgang mit einem Tablett durch Stuhllager und Küche des Tagungshauses.

Der **ausschweifende Blick** ist das wichtigste Utensil der Trainerinnen und Trainer. Mit ihm finden wir in den Tagungshäusern stets neue brauchbare Requisiten:

- eine Blumensäule wird zur Präsentationsfläche,
- die Unterteilungen der Fenster bieten unterschiedliche Ausblicke (z.B. In die Zukunft des Unternehmens?),
- die Bilder auf den Gängen sind die Grundlage für eine Reflexionseinheit,
- der moderne, geknüpfte Wandteppich wird zur Metapher für Veränderungsprozesse.

Mögliche Zutaten für den universellen Koffer

- Flaschenöffner
- Spielzeugpistole
- Quietscheentchen
- Wäscheklammer
- Maßbecher
- Brille
- Game Boy
- Cowboyfigur
- Gummiband
- Kaffeebecher
- Plastikhuhn
- Kartenspiel
- Feuerzeug
- Diskette
- Gummiball
- Löffel
- Brieföffner
- ...

Durch Musik verzaubern

Passend ausgewählte Musik unterstreicht Situationen, prägt Stimmungen und ruft Bilder und Assoziationen hervor.

Sie können durch Musik beruhigen, aufmuntern, Signale setzen, Überleitungen schaffen, Humor verbreiten und den Ernst aus Situationen herausnehmen. Sogar die Akzeptanz der Gruppe für das Spielen können Sie über eine pfiffige Musikidee unterstützen.

Holen Sie, zum Beispiel, eine Gruppe mit dem Hit `Bruttosozialprodukt´ aus der Pause, dann haben Sie einen wunderbaren Auftakt zu einem beliebigen Teamspiel, einer kooperativen Aufgabe, oder einer neuen Runde im Planspiel geschaffen.

Die Musik bringt die Gruppe in Stimmung und unterstützt positiv und humorvoll deren Motivation. Die nächste Arbeitseinheit ist eingeleitet und wird leichter akzeptiert.

Nahezu unüberschaubar ist der Musikmarkt, was aber auch bedeutet, dass es einfach alles gibt! Zu jeder Situation gibt es die passende Musik – man muss sie nur finden! Da Geschmäcker unterschiedlich sind, lassen sich Tipps nur schwer geben.
Die Trainerinnen und Trainer in unserem Bekanntenkreis arbeiten alle nahezu gleich: Mit möglichst wenig Tonträgern versuchen sie, möglichst viele Stilrichtungen abzudecken.

Am Anfang steht die Frage: Welche Stilrichtung benötige ich für welche Situation?

Zwei Kriterien sind für die Auswahl geeigneter Musik wichtig:

- Die Stücke müssen Sie ansprechen (besser noch: begeistern) und Fantasien für ihren Einsatz auslösen.
- Die Musik sollte so populär sein, dass sie auch bei Ihren Teilnehmern Assoziationen auslöst und Ihre TeilnehmerInnen nicht separiert.

Durch die Digitalisierung ist inzwischen der Zugriff auf einzelne Musikstücke trainerfreundlich und komfortabel geworden: Langes Suchen entfällt, taktgenau und sekundenschnell kann angewählt werden und Fernbedienungen unterstützen die Präsentation.

Aufwendig ist nur noch die Suche vorab, die Zusammenstellung einer Grundausstattung. Besonders dann, wenn der Anspruch vorhanden ist, die Stücke auf nur einem Medium (wie MD) zusammenzustellen. Nur so erhält man allerdings eine wirklich erstklassige Sammlung auf wenigen Tonträgern.

Zutaten für eine effektvolle musikalische Untermalung

Beispiele aus unserer Praxis:

- Fanfaren leiten Präsentationen ein, geben Startsignale oder beenden die Kaffeepause.
- Aktuelle, tanzbare Musik unterstützt Bewegungsspiele, läuft zu Beginn oder zur Aktivierung in den Pausen.
- Ruhige Pop-Musik oder leichte Klassik berieselt Vertrauensspiele oder Spiele mit Wahrnehmungscharakter.
- Meditationsmusik, Naturgeräusche oder elektronische Harmonieklänge für Entspannungssituationen.
- Deutsche Pop-Musik spielen wir, um Akzente zu setzen oder Botschaften zu unterstützen.

Tonträger

Fanfaren:

Klassisch:
Les Toreadeors, Wilhelm Tell, Aida Triumph Marsch, Beethoven Sym. Nr. 5, Freut Euch des Lebens, Pomp and Circumstance, Te deum

Klassik-Sampler
Filmmusik-Sampler

Modern:
Rocky Horror Picture Show, Peter Gunn Theme, Fanfare for the common man, Star Wars Theme, Rocky Theme

Aktuelle tanzbare Musik auf ständig neu erscheinenden Hit-Samplern:
The Dome, Bravo-Hits, Best of ... (2002, Dance, House, Reggae etc.)

Klassik / bearbeitete Klassik:
Adagio sostenuto / Beethoven
Largo / Beethoven
Adagio / Mozart
Adagio / Grieg
Kanon in D-Dur / Pachelbel
Suite für Orchester / Bach
Konzert für Violine
Streicher und Continuo Nr. 2 / Bach
Konzert für Violine
Streicher und Continuo Nr. 3 / Bach
Piano Concert Nr. 2 / Rachmaninov
Symphonie Nr. 5 / Mahler

Klassik-Sampler,
Marek & Vacek,
verschiedene CDs

Ruhig und aktuell:
No Matter What / Boyzone   Kuschelrock
Va Pensiero / Zucchero   einzelne Interpreten
Earth Song / Michael Jackson
Frisör / Thomas D.
Streets Of Philadelphia / Bruce Springstreen
All I Want Is You / U 2
High / Lighthouse Family
When We dance / Sting
Unsterblich / die Toten Hosen
Back for good / Take That

Filmmusik:
Charlie Chaplin Filmmusiken   Filmmusik-Sampler
Titanic   oder Originale
Cabaret

Meditationsmusik und Naturgeräusche:
Terra Inhabiata / David A. Clark
Earthbeat / Paul Winter
Well balanced / Oliver Shanti
Magical Ring / Clannad
Forests of the Amazon / Pierre Huguet

Deutsche Pop-Musik:
Bruttosozialprodukt / Geiersturzflug   Neue Deutsche Welle-
Freiheit / Westernhagen   Sampler
Rückenwind / Thomas D.   einzelne Interpreten
Es lebe der Sport / Reinhard Fendrich
Keine Zeit / Hermann Van Veen
Jeder Weg hat mal ein Ende / Marianne Rosenberg
Feierabend / Peter Alexander

Das Drehbuch entwickeln

Würztipps für ein Drehbuch

- Metaphern nutzen
- Geschichten erzählen
- Rollen übernehmen
- an Aktuellem orientieren
- eine Seminardramaturgie entwickeln

Grundlage und roter Faden jeder Inszenierung ist das Drehbuch, das die Rahmenhandlung bestimmt. Eine stimmige Rahmenhandlung wirkt belebend auf den Seminarablauf, schafft ein positives Lernklima und regt kreatives Denken und unkonventionelles Handeln an. Szenerien können erfunden und ausgestaltet, Geschichten erzählt und verschiedene Rollen übernommen werden.

Schon die Entwicklung einer Leitidee macht Spaß und bringt auch für die TrainerInnen frischen Wind ins Tagesgeschehen. Die Planung einer Rahmenhandlung kann von verschiedenen Seiten aus geschehen ▶ *R.ichtig anfangen ... Spiele in das Training einplanen, S. 44*.

Aber: Nicht jede Rahmenhandlung für ein Spiel oder eine Trainingseinheit muss neu erfunden werden. Es gibt Themen oder Themenbereiche, die sehr vielseitig sind, einen hohen Anregungsgehalt besitzen und sich auf verschiedene Situationen übertragen lassen.

Geeignet sind vor allem aktuelle Themen, die den meisten Seminarteilnehmern vertraut oder bekannt sind: Aktuelle Ereignisse oder Bezüge zum Unternehmen, die Führungs- oder Firmenleitlinien, Produkte, der Wettbewerb mit seinen Produkten, die jeweilige Berufsgruppe, die Tagespolitik oder aktuelle gesellschaftliche Geschehnisse. Die folgende Liste zeigt Ihnen, mit welchen Themen wir gerne arbeiten und für welche Elemente in (Bildungs-)Veranstaltungen sie sich eignen.

Themen für Rahmenhandlungen

Rahmenhandlungen für ...	**Real** mit direktem Bezug zum Thema oder der realen Situation der TeilnehmerInnen	**Fiktiv** Themen, die außerhalb der direkten Trainingssituation angesiedelt sind
... einzelne Spiele	• Begriffe des Themas erklären oder zusammenfassen (z.B. `Freundlichkeit´ im Service-Training) • Funktionsweisen erläutern (z.B. `Wie funktioniert ein Computer?´)	• alles möglich (Kunst, Gesellschaft, Beruf, Fernsehen, Politik ...)
... Spieleketten	• Prozesse im Unternehmen (z.B. eine Auftragsabwicklung) • Überblick über das Thema oder den Tag • Zusammenfassung des vorherigen Tages • parallele Workshops auf Kongressen beschreiben • Auflistungen (Hausordnung, Ziele ...) • thematische Vorträge	• Museum • 7 Todsünden / 7 Weltwunder • Ausbildung zum ... • Test (z.B.: Eignungstest ...)
... Veranstaltungen	• Besichtigung (Werk, Konkurrenzunternehmen ...) • Wahlkampf	• Zeitreisen (z.B.: historische Ereignisse) • Städtereise • Personen (z.B.: Ein Tag im Leben des Bill Gates)
... Veranstaltungsreihen	• Firmengründung oder -erweiterung	• Zeitreise (Zurück in die Zukunft ...) • Berufsbilder (Ärzte, Sportler, Politiker, Bauarbeiter, Journalisten, Feuerwehr) • Olympia • Hausbau

3 Z.ielgerichtet inszenieren

Chicco: „Der Müllmann ist da..."
Groucho: „Sag ihm, wir brauchen nichts!"
Die Marx Brothers

Wie inszeniere ich gezielt ...
... durch Auswahl und Gestaltung von Materialien?

Der erste Blick gilt dem Teller: hier ein Sahnehäubchen, dort ein Kräuterrand und mittendrin sonnt sich das Wildschwein in den Preiselbeeren ... So beginnt die Lust aufs Essen noch bevor die erste Gabel zum Mund geführt wurde. Dieser kulinarische Grundgedanke lässt sich problemlos auf unsere Spielsituation übertragen. Schon wenn wir unsere Spielmaterialien auspacken, soll unseren TeilnehmernInnen das Wasser im Mund zusammenlaufen.

Durch die Auswahl und Gestaltung von Spielmaterialien tragen wir als Trainerinnen und Trainer wesentlich zur Akzeptanz und zum Gelingen von spielerischen Aktivitäten bei. Denn liebevoll und detailliert aufgepeppte Materialien machen das Spielen leichter und interessanter:
`Das Auge isst mit´!

In diesem Kapitel erfahren Sie:
- Welche Ansprüche wir an Materialien stellen
- Welches Material für die Durchführung von Spielen wirklich notwendig ist
- Welche Bezugsquellen es derzeit für Spiel- und Kreativmaterialien gibt

Ansprüche an Spielmaterialien

1. Anspruch: Wertschätzung ausdrücken

Unseren Teilnehmern signalisieren wir durch hochwertig und liebevoll gestaltetes Material, dass wir Ihnen Respekt entgegenbringen, Qualität bieten wollen und „sie es wert sind", mit erstklassigen Produkten umzugehen.

Wir zeigen unser Engagement, indem wir möglichst hochwertige Materialien bereitstellen oder Material präsentieren, das ausgefallen und außergewöhnlich ist.

Spielmaterialien sollen ...

- Wertschätzung ausdrücken
- originell und witzig sein
- animierend wirken
- Atmosphäre gestalten und Stimmung erzeugen
- angemessen aufwändig sein

Wertschätzung zeigt sich zum Beispiel durch:

- übersichtlich gestaltete Texte und Schriften, gedruckt auf gutem Papier oder Karton,
- Laminierung als eine Form der `Veredelung´, die gleichzeitig die Haltbarkeit des entsprechenden Gegenstandes erhöht,
- große Formate, die der Situation „Gruppe" und dem Umstand Rechnung tragen, dass man auch aus einiger Entfernung die entscheidenden Details erkennen muss (besonders wichtig bei Bildern, Spielplänen, Würfeln und Spielfiguren),
- funktionsfähige und robuste Gegenstände.

Eine Erfahrung im Zusammenhang mit dem Anspruch `Wertschätzung´ ist, dass die so produzierten oder gekauften Materialien erst einmal teurer sind, die Haltbarkeit und der erhöhte Nutzwert wiegen dieses Verhältnis jedoch bald wieder auf.

Ein simples Beispiel sind Luftballons:
Billige Luftballons lassen sich schwerer aufblasen und platzen sowohl beim Aufblasen, als auch bei der Berührung von unebenen Flächen schneller, was jedesmal eine Unterbrechung und Behinderung der eigentlichen Aktivität bedeutet.

2. Anspruch: Originell und witzig sein

Beim Kauf und der Zusammenstellung von Spielmaterialien achten wir stets auf den `Schmunzeleffekt´. Gezielt setzen wir deshalb Spielmaterialien ein, die den Seminar- oder Spielverlauf durch ihre Bedeutung, ihr Aussehen oder ihre Funktion auflockern:

- Bälle oder Gegenstände mit Geräuscheffekten,
- Scherzartikel,
- Gegenstände, die aus anderen Zusammenhängen stammen oder für bestimmte Zielgruppen nicht alltäglich sind,
- Kinderspielzeug und Materialien, die an die Kindheit erinnern,
- Gegenstände, die man in Bewegung setzen muss (z.B. Kreisel) oder mit denen man direkt agieren kann (z.B. ein Windrad),
- Gegenstände, die Irritationen und Paradoxien auslösen (z.B. eine Pistole im Zusammenhang mit dem Thema Mediation),

- Gegenstände aus der Arbeitswelt der Teilnehmer, die verfremdet eingesetzt werden (z.B. ein Knäuel aus Mullbinden als Ersatz für Bälle in einem Workshop für Führungskräfte im Pflegebereich),

- Gegenstände mit Insider-Charakter, die bei den Teilnehmern Erinnerungen an vorherige Ereignisse auslösen (z.B. ein Telefon der alten Telefonanlage, das noch einfach zu bedienen war).

3. Anspruch: Animierend wirken

Die eingesetzten Spielmaterialien sollen eine solche Ausstrahlung besitzen, dass man sie gerne berührt und sich davon locken lässt. Material, Form und Farbe sind hierbei entscheidend. Ein Tennisball besitzt z.B. weniger Anziehungskraft als ein mehrfarbiger Jonglierball.

Entscheidend ist ebenfalls die Platzierung im Raum: Spielmaterialien, wenn Sie zur freien Benutzung durch die Teilnehmer vorgesehen sind, gehören in den Eingangs- oder Pausenbereich. Das erleichtert den Einstieg, weckt Interesse und schafft manchmal sogar Anknüpfungspunkte zu anderen Gruppen.

4. Anspruch: Atmosphäre gestalten und Stimmung erzeugen

Durch die gezielte Auswahl von Materialien gelingt es, eine dichte Atmosphäre zu erzeugen. Das kann z.B. durch passende Musik geschehen, beim Roboterspiel erklingen mechanische Geräusche im Hintergrund und beim Autofahren sind es die entsprechenden Verkehrsgeräusche.

Wo immer ein geeignetes Material das Spiel interessanter machen könnte, versuchen wir es einzusetzen.

Beim Auswertungsspiel `Pressekonferenz´ geht es darum, den Seminartag in Form einer Schlagzeile im Stil einer Boulevard-Zeitung zusammenzufassen. Um dieses deutlich zu machen präsentieren wir entsprechende Schlagzeilen und haben auch die Teilnehmervorlage aus dem Original entwickelt. Das Spiel funktioniert natürlich auch ohne diese Hilfsmittel, sie unterstützen jedoch die Aussage, verdeutlichen sie und erhöhen die Akzeptanz der Teilnehmerinnen und Teilnehmer.

Sind die Spiele zudem in eine Rahmengeschichte eingebunden ▶ *Z.ielgerichtet inszenieren ... mit dramaturgischen Elementen, S. 134* oder arbeitet man mit einer unterstützenden Metapher ▶ *T.reffend fortsetzen ... mit stimmigen Transfer-Methoden, S. 224*, helfen die passenden Materialien die Gesamtaussage zu verankern.

Beispiel „Pressekonferenz"

Das linke Plakat wird als Anregung aufgehängt, das rechte Bild zeigt die Kopiervorlage für die Teilnehmer-Bögen.
Hier werden die Rückmeldungen in Form einer Schlagzeile eingetragen.

5. Anspruch: Angemessenheit

„Der spielende Trainer reist mit Lieferwagen."
Hinter diesem Ausspruch verbirgt sich die Befürchtung, dass der Einsatz von Spielen stets mit hohem Materialaufwand verbunden ist. Und teilweise stimmt das auch.
Eine Kiste mit Bällen ist nun mal eine Kiste mehr und eine weitere mit Seilen bedeutet, dass der Platz im Kofferraum schon enger wird.

Dagegen hilft nur Kreativität und die ernsthafte Frage, ob der betriebene Aufwand in einer vernünftigen Relation zu dem gewünschten Effekt steht. Ein Beispiel hierfür ist das Spiel „Schachbrett", dass sowohl mit hohem finanziellen und materiellen Aufwand, als auch nahezu ohne Material gespielt werden kann.

`Das Schachbrett´
oder
`Wie hätten Sie's denn gerne?´

Das Schachbrett oder auch Teamlabyrinth (in RACHOW, Axel: Spielbar) ist ein Kooperationsspiel, das mit ganz unterschiedlichem Aufwand durchgeführt werden kann. Eine Gruppe muss hierbei einen versteckten Weg durch ein Spielfeld finden und begehen.
Die hier vorgestellten Versionen unterscheiden sich ausschließlich durch den Materialaufwand. Das Regelwerk und der zu erwartende Nutzen ist jedesmal der gleiche.

Version A: Electric Maze
Das Spielfeld ist ein ausrollbarer Teppich mit elektronischen Kontakten und Sensoren. Die Teilnehmer erhalten akustische elektronische Rückmeldung über den zu gehenden Weg.
Kosten: 3.500 €, hoher Platzbedarf und Gewicht, schnell aufgebaut

Version B: Schaumstoffpuzzle
Das Spielfeld besteht aus Schaumstoffteilen, die miteinander verbunden werden.
Die Teilnehmer erhalten Rückmeldung direkt vom Trainer.
Kosten: 110 €, geringes Transportgewicht, bunt

Version C: IKEA-Normal
Teppichfliesen in zwei unterschiedlichen Farben stellen das Spielfeld dar:
Sie liegen rutschfest, sind extrem haltbar und besitzen auch für große Füße
ausreichend Platz.
Kosten: 40 €, höheres Transportgewicht, schlechte Verpackung

Version D: OBI-Extra
Mit Tesakrepp wird (in weniger als 10 Minuten) das Spielfeld gestaltet.
Kosten: 3 €, nur einmal verwendbar, minimaler Transportaufwand

Das Maß für den notwendigen Materialeinsatz sind wir selber, immer wieder auf der Suche nach einer halbwegs vernünftigen Balance zwischen unserer Spielfreude, der erwarteten Reaktion der Teilnehmer, dem hierfür zu betreibenden Vorbereitungsaufwand und der Budgetierung.

Niemals aber wendet sich bei uns der zu befürchtende Materialeinsatz in ein `weniger Spielen´, sondern in ein `anderes Spielen´.
Mit der Zeit ist die Suche nach Vereinfachungsmöglichkeiten und alternativen Aktionen in den Vordergrund getreten. Wieder sind es die Kleinigkeiten:

- Spielvorlagen werden im Computer erstellt und dann an das jeweilige Seminar angepasst,

- Moderationskarten werden nicht einzeln bedruckt, sondern auf A4-Karton ausgedruckt und anschließend auseinander geschnitten,

- Rohpuzzleteile werden fertig gekauft, statt Puzzleteile selbst zu schneiden,

- es gibt inzwischen viele fertige Materialien für TrainerInnen (wie z.B. das Spinnennetz für die gleichnamige Outdoor-Übung).

Mit der Zeit entwickelt man ein Gefühl für diese Kleinigkeiten und der relative Aufwand verändert sich. Hinzu kommt, dass man entsprechende Bezugsquellen (▶ *nachfolgende Übersicht*) kennen muss. Hier lohnt sich auch das `kreative Fremdgehen´: in den pädagogischen Nachbardisziplinen (Kindergarten, Schule, Freizeitsport, Arbeit mit (Lern-)Behinderten) findet sich eine Vielzahl anregender Materialien.

Entsprechend sieht es mit der Literatur aus. Nur wer über mehr als ein Spielebuch verfügt, hat die Chance, Alternativen zu entdecken. In letzter Zeit ist eine Vielzahl von Publikationen erschienen, dem Trainer stellt sich die Frage: Welche Bücher brauche ich denn wirklich? ▶ *E.ffektiv informieren ... durch die Auswahl von Spielen, S. 99.*

Auch wenn diese Dinge dem Trainierenden helfen, das Tagesgeschäft einfacher zu gestalten, bleibt ein Aufwand, der über den eines Ringordners mit Overheadfolien hinaus geht.

Die Angemessenheit definieren wir für uns so: Nicht mit Kanonen auf Spatzen und dennoch das Tüpfelchen auf dem i.

Bezugsquellen für Spiel- und Kreativmaterialien

Bartl	Geschenkartikel, Werbemittel, Scherzartikel, Holzspielzeug,	Tel.: 08634-9885-0 Fax.: 08634-9885-95 E-Mail: hacki@bartlgmbh.com www.bartlgmbh.com
Labbé	Farben und Farbstifte, Papiere, Blanko-Spielmaterialien, Kreativ-Materialien, Werkzeug, Klebstoffe	Tel.: 02271-4949-0 Fax.: 02271-494949 E-Mail: info@labbe.de www.labbe.de
Pappnase & Co.	Jonglierbedarf, Scherzartikel, Requisiten für die Bühne, Musikinstrumente, Material für Bewegungsspiele	Tel.: 040-29810410 Fax.: 040-29810420 E-Mail: pappnase.co@t-online.de www. pappnase-co.de
Rainbow Training Equipment	Trainingsspiele, Outdoor-Spielsammlung, Spieleverleih	Tel.: 02245-3349 Fax.: 02245-8214
Robin Hood Versand	Spiel- und theaterpädagogische Literatur, Werbücher, didaktische Literatur, Spielmaterialien, Musik-CDs	Tel.: 02191-794242 Fax.: 02191-794243 E-Mail: rhv97@aol.com
Simmerl	(Lern-)Spielmaterialien, Figurensets für Coaching, Trainingsliteratur, Scherzartikel	Tel.: 09571-4333 Fax.: 09571-4303 E-Mail: kommunikationstraining @simmerl.de, www.simmerl.de
Sport Thieme	Spiel- und Sportmaterialien, Lernspielzeug, therapeutische Hilfsmittel	Tel.: 05357-1884 Fax.: 05357-18190 E-Mail: info@sport-thieme.de www.sport-thieme.de
villa bossaNova	(Lern-)Spielmaterialien, Musik-CDs, Literatur, Moderationsmaterial	Tel.: 02191-80217 Fax.: 02191-81387 E-Mail: info@villa-bossanova.de www.villa-bossanova.de

Alle o.g. Anbieter haben einen ausführlichen Katalog. Eine Marktübersicht über fertige Trainingsspiele finden Sie in: ▶ *E.ffektiv informieren ... durch die Auswahl von Spielen, S. 104.*

4 E.ngagiert handeln

> „Ob Sie glauben, dass Sie es können
> oder nicht können, Sie haben recht."
> Henry Ford

Wie handle ich engagiert ...
... um TeilnehmerInnen Lust auf Spiel zu machen?

Köchinnnen und Köche haben es leicht, ihren Gästen Lust aufs Essen zu machen, denn durch die geöffnete Küchentüre wandert der Duft der gekochten Speisen aromatisch durch den Raum und löst die entsprechenden Sinnesreize aus. Ein wenig schwieriger verhält es sich mit den Trainingsspielen, deren Aromen erst einmal verborgen sind und durch den Trainer geschickt geweckt werden müssen.

Die Appetitanreger müssen sorgfältig inszeniert werden: kein leichtes Spiel – es sei denn, Sie nehmen es spielerisch leicht!

In diesem Kapitel erfahren Sie:
- Wie Sie Ihren Teilnehmern Lust auf Spiel machen
- Wodurch Sie eine Gruppe zum Spielen animieren

Fragen Sie sich nicht `Ob?´, sondern fragen Sie sich `Wie?´

„Wie erkläre ich meinen spielungewohnten Teilnehmern, warum ich Spiele einsetze?"
„Nein, bei den Teilnehmern X von der Firma Y kann ich sicher keine Spiele einsetzen. Das sind Techniker (Manager, Frauen, Ältere, Männer mit Schlipsen, Führungskräfte, Informatiker, Innendienstler usw…). Schade eigentlich. Aber die machen da bestimmt nicht mit".

Solche und ähnliche Bedenken äußern die Trainer-Kollegen und Kolleginnen in unseren Train-the-Trainer-Workshops. Jeder hat dabei seine „Horror-Zielgruppe" im Kopf und malt sich aus, wie es wohl wäre, wenn gerade mit diesen Menschen ein vollkommen albernes Spiel durchgeführt würde …

Diese Befürchtungen sind gesund, denn sie weisen uns auf zweierlei hin:

Grund-REZEPT Animation

„Die Spielleitung ist ein Modell für die Gruppe. Wie locker sie ist, wieviel Spaß sie an dem Spiel hat und wie sie sich darauf freut, das überträgt sie auf die Gruppe"

Ulrich Baer

- Es gibt Gruppen und Situationen in denen Spiele nur sehr schwer vorstellbar oder unangemessen erscheinen,

und

- es fällt uns Trainern manchmal schwer, in einem bestimmten Kontext ein bestimmtes Spiel stimmig zu „verkaufen".

Nach unserer Erfahrung steht und fällt der erfolgreiche Einsatz von Spielen mit der Spielleitung, also mit der Person des Trainers. Ihr Verhalten und Ihre Einstellung zu Spielen sind entscheidend für die Motivation und das Gelingen einer Spielsequenz. Wenn Sie gerne Spiele einsetzen möchten, Spielen selbst aber auch für Sie noch ungewohnt ist, ist es selbstverständlich, dass Sie zurückhaltend sind.

Unsere Faustregel für solche Situationen: Setzen Sie in ungewohnten Situationen nur Spiele ein, die vorher getestet worden sind: Sie haben sie selbst ausprobiert, ausführlich von jemand anderem geschildert bekommen, oder haben sie einer Person ihres Vertrauens erklärt. Allein die Erklärung der Spielregeln macht Sie schon um vieles sicherer und die sich dann ergebenden Verständnisfragen sind wertvolle Hinweise auf mögliche Stolpersteine vor der echten Gruppe.

Sicherheitstipp: Setzen Sie in ungewohnten Situationen besser nur Spiele ein, die Sie selbst ausprobiert haben.

Grundsätzlich gilt:
**Fragen Sie sich nicht `Ob?´,
sondern fragen Sie sich`Wie?´**

Vorausgesetzt, Sie haben den Wert von Spielen für Ihre Seminare erkannt – dann beschäftigen Sie sich im Vorfeld weniger mit dem `Ob´... (Sie Spiele einsetzen sollen), sondern mit dem `Wie´... (Sie Ihre Teilnehmer zum Spielen animieren).
Das `Ob´ ist schnell entschieden, es reicht ein einfaches Ja oder Nein. Die interessante Fragen ist aber: Wie genau wecken Sie die Spielfreude Ihrer TeilnehmerInnen?

8 Appetitanreger, die Lust auf Spiel machen

Appetitanreger Nr. 1:
Packen Sie die Teilnehmer bei ihrer Offenheit und Experimentierfreude.

Die meisten Teilnehmer sind zwar anfangs zurückhaltend, aber innerlich doch neugierig und lassen sich gerne herausfordern. Nennen Sie ruhig das Kind beim Namen. Sie können ein Seminar zum Beispiel etwa so einleiten: „(...) Dass Sie hier zu diesem Thema sitzen, zeigt mir, dass Sie neuen Erfahrungen gegenüber aufgeschlossen sind. Das ist gut, denn in diesem Workshop wird es Momente geben, die für Sie neu und ungewöhnlich sein werden. (...)". Kaum jemand wird, so angesprochen, ablehnen, er sei aber nicht offen und wolle keine ungewöhnlichen Methoden.

Appetitanreger Nr. 2:
Sorgen Sie für Orientierung und Transparenz.

Spiele einsetzen fällt umso leichter, je angenehmer und tragfähiger die Atmosphäre in der Gruppe ist. Für TrainerInnen, die Spiele einsetzen wollen, macht es deshalb Sinn, schon von Beginn an das Mögliche zu tun, um ein förderliches Gruppenklima zu erreichen. Orientierung und Transparenz tragen wesentlich dazu bei, anfängliche Ängste und Unsicherheiten bei den Teilnehmenden abzubauen:

- Was erwartet die Gruppe?

- Wann sind Pausenzeiten?

- Mit welchen Methoden wird gearbeitet?

In Bezug auf die Methode Spiel können Sie Orientierung und Transparenz schaffen, in dem Sie schon im Zusammenhang mit der Vorstellung des Seminarprogramms erwähnen, wo die Gruppe spielerische Methoden erwartet und deren Einsatz kurz begründen.

Appetitanreger Nr. 3: Knüpfen Sie einen inhaltlichen Zusammenhang.

Jedes Spiel, vom Warming up bis zur Kooperationsaufgabe, wird in unseren Seminaren und Workshops themenbezogen angeleitet. Denn bei den Teilnehmenden steigt die Akzeptanz für die Methode Spiel sofort, wenn ihnen ein thematischer Zusammenhang deutlich gemacht wird. Dieser kann sich sehr ernsthaft z.B. auf eine Erfahrung beziehen, die stellvertretend durch ein Spiel erlebt und ausgewertet werden kann. Sie können aber auch humorvoll, mit Augenzwinkern, Einzel- oder Randaspekte des Themas aufgreifen ▶ *R.ichtig anfangen ... Spiele in das Training einplanen, S. 44* und ▶ *Z.ielgerichtet inszenieren ... mit dramaturgischen Elementen, S. 134.*

Die Akzeptanz für die Methode Spiel steigt bei den TN sofort, wenn ihnen ein thematischer Zusammenhang deutlich wird.

Appetitanreger Nr. 4:
Ihre selbstverständliche Haltung macht's!

Nicht erklären, machen.

Wenn Sie Spiele souverän, mit Sinn und Verstand und mit einer selbstverständlichen Haltung präsentieren und einsetzen, brauchen Sie i.d.R. nicht mit Widerständen zu rechnen. Die Teilnehmer machen nämlich genauso selbstverständlich mit. Wenn Sie allerdings von der Wirkung von Spielen selbst nicht überzeugt sind, wenn Sie Unsicherheit zeigen, ob Sie mit diesen Teilnehmern ..., womöglich die Gruppe noch fragen, ob sie unter Umständen auch bereit wäre mal ein kleines Spiel ..., so probehalber ..., dann ziehen Sie sich warm an: TeilnehmerInnen haben in der Regel ein feines Gespür für Unsicherheiten – und diese übertragen sich sofort auf die Gruppe. Vermitteln Sie den Teilnehmenden durch Ihre Haltung, dass Spielen in Ordnung ist und ihnen nichts passieren kann – und Sie werden mit Ihrer Gruppe viel Spaß beim Spielen haben.

Vermitteln Sie Ihren TN durch Ihre Haltung, dass Spielen in Ordnung ist und dass ihnen nichts passieren kann.

Appetitanreger Nr. 5:
Fragen Sie nicht, legen Sie los.

Natürlich kann es in Seminaren sinnvoll sein, dass die Gruppe über Inhalte und Methoden mitbestimmt. In Bezug auf die Methode Spiel sollte Ihnen aber eines klar sein: Wenn Sie eine spielungewohnte Gruppe fragen, ob sie spielen will, bekommen Sie keine eindeutige Gruppenentscheidung und riskieren zu 80 % ein `Nein´. Denn viele Menschen lassen sich ungern selbst gewählt auf etwas ein, das sie nicht kennen oder für Kinderkram halten. Abstimmen lassen, vorher darüber diskutieren oder zuviel Erklärung kann schon im Vorfeld den Zauber des Spiels zerstören. Legen Sie einfach los!

Um das Eis zu brechen, sprechen Sie von einer `Aufgabe´, `Herausforderung´ oder `Übung´.

Um das Eis zu brechen, sprechen Sie von einer `Aufgabe´, `Herausforderung´ oder `Übung´ und beginnen Sie mit einem Spiel, auf das sich jeder ohne Angst oder dem Gefühl, sich blöd vorzukommen, einlassen kann ▶ *E.ffektiv informieren ... in unterschiedlichen Seminarphasen, S. 72*.

Eine leichte und humorvolle (nicht: humoristische) Moderation kommt in der Regel gut an und fördert die Akzeptanz. Die für die Anfangssituation ausgewählten Spiele sollten jedoch nicht albern sein. Ein albernes Spiel zu Beginn kann dazu führen, dass sich Gruppenmitglieder (zu Recht) zurückziehen, weil ihrem anfangs verstärkt vorhandenem Wunsch nach Sicherheit und Orientierung nicht entsprochen wird.

8 Appetitanreger, die Lust auf Spiel machen

- Packen Sie die Teilnehmer bei ihrer Experimentierfreude
- Sorgen Sie für Orientierung und Transparenz
- Knüpfen Sie einen inhaltlichen Zusammenhang
- Ihre selbstverständliche Haltung macht's
- Fragen Sie nicht, legen Sie los
- Reagieren Sie situationsgerecht auf Nachfragen
- Seien Sie Vorbild, seien Sie mitreißend
- Machen Sie Ihrer Gruppe Mut

Appetitanreger Nr. 6: Reagieren Sie situationsgerecht auf Nachfragen

Es kann wichtig sein, die Anfrage nach dem Sinn und Zweck eines Spiels sofort zu beantworten. Zum Beispiel dann, wenn Sie große Unsicherheiten oder Ängste vermuten und den Eindruck haben, dass es ohne die Information nicht möglich sein wird, das Spiel zu beginnen.

Es kann aber auch sinnvoll sein, nach der Maxime zu handeln: `Methoden diskutieren ja, aber erst hinterher´. Eine Antwort an eine Teilnehmerin auf die Frage nach dem Sinn des Spiels könnte sich dann z.B. so anhören: „Das Spiel hat einen Sinn. Wenn ich Ihnen den aber vorher verrate, verliert es etwas davon. Wir können gerne hinterher darüber sprechen".

Welche Reaktion die nützlichste ist, hängt vom Spiel, vom Ziel des Spiels und von der Situation ab. Handlungsparameter ist hierbei Ihr Gespür für die Situation.

Appetitanreger Nr. 7:
Seien Sie Vorbild, seien Sie mitreißend

Als Vorbild haben Sie die Chance, maßgeblich zu einer mitreißenden Spielatmosphäre beizutragen. Denn Ihre Lust am Spiel, Ihre Lockerheit überträgt sich auf die Gruppe und motiviert diese mitzuspielen. Spielen Sie mit so oft es geht, aber vergessen Sie dabei nicht, dass Sie die Spielleitung sind. Zeigen Sie, wieviel Spaß Sie haben.
Bedenken Sie, dass Sie in Ihrer Vorbildfunktion glaubwürdig sein müssen. Eine Gruppe merkt sehr schnell, ob Ihr Verhalten `echt´ ist. Setzen Sie also nur Spiele ein, hinter denen Sie voll und ganz stehen können.

Es macht Mut:

- Wenn keine Zuschauer da sind
- Wenn die Gruppe ungestört ist
- Wenn die Räume Atmosphäre besitzen
- Wenn Sie mit unkomplizierten, vertrauten Spielen beginnen
- Wenn gelacht wird
- Wenn die Spielleitung mitspielt
- Wenn (bestimmte) Spiele mit Musik untermalt werden
- Wenn (bei bestimmten Spielen) die Möglichkeit zum Erfahrungsaustausch gegeben wird

Appetitanreger Nr. 8:
Machen Sie Ihrer Gruppe Mut

Es ist ganz natürlich, dass Menschen, die sich auf etwas Neues, Ungewohntes einlassen sollen, zunächst ein mulmiges Gefühl im Bauch haben. Treffen Sie also vorsorglich Maßnahmen, die es der Gruppe ermöglichen, Mut zu entwickeln und Spielhemmungen abzubauen. Vor allem ist wichtig, dass keine Zuschauer da sind und die Gruppe ungestört ist.
Sorgen Sie für eine ansprechende Raumgestaltung und nutzen Sie Ihre dramaturgischen Möglichkeiten
▶ *Z.ielgerichtet informieren ... mit dramaturgischen Elementen, S. 117.*
Entscheidend ist dann das „Richtig anfangen". Im Kapitel ▶ *E.ffektiv informieren ... in unterschiedlichen Seminarphasen, S. 72,* finden Sie unter dem Stichwort `Warming up´ weitere Hinweise für Anfangssituationen.

4 E.ngagiert handeln

„Eine schwierige Situation ist für mich, wenn
der von mir geplante Ablauf einer Sequenz
(Spiele), über meine Flexibilitätsgrenze
hinaus durch Teilnehmer unterbrochen wird,
die dabei nicht ausgeglichen aussehen..."
Eine Trainerin in einem unserer Seminare

Wie handle ich engagiert ...
... in schwierigen Situationen?

Die Zubereitung des Spielemenues ist in vollem Gange. Engagiert mischen Sie die Zutaten für ein köstliches Mahl und allein der Gedanke daran erfüllt Sie mit Vorfreude. Natürlich kreisen Ihre Gedanken auch um die Teilnehmer:

- Wird die Speisenfolge den TeilnehmerInnen genauso schmecken, wie Sie es sich vorstellen?
- Können alle alles essen oder sind Allergiker dabei?
- Welche Erwartungen haben die Esser: Geniessen oder Fast Food?

In der Küche wie im Training gibt es trotz der besten Planung stets überraschende und schwierige Situationen, die es zu meistern gilt. Wie Ihnen das gelingen kann, erfahren Sie durch unsere Strategietipps, die sich so unterschiedlich präsentieren, wie die schwierigen Situationen selber.
Eine allgemeingültige Handlungsanweisung gibt es jedoch vorab: Sie sind erfolgreicher, wenn Sie nichts anbrennen lassen!

In diesem Kapitel erfahren Sie:

- Was schwierige Situationen für die Spielleitung sein können
- Wie sie mit schwierigen Situationen umgehen können

 ## Was sind schwierige Situationen?

Für uns sind Situationen immer dann schwierig, wenn ein überraschendes Moment die Planung über den Haufen wirft und schnell flexibel gehandelt, entschieden oder etwas Neues ausgehandelt werden muss. Da gibt es harmlosere und heftigere Situationen.

Auch, wenn die heftigen Situationen selbst in der Regel nicht von angenehmen Gefühlen begleitet sind, sehen wir sie nicht als negativ an. Im Gegenteil – Schwierigkeiten sind Chancen und Herausforderungen, aus denen wir sehr viel lernen können. (Zumindest sind wir immer wieder bemüht, dies so zu sehen. Im Nachhinein fällt uns das auch nicht schwer).

Ob wir eine Situation als schwierig empfinden, hat sehr viel mit unserer persönlichen Wahrnehmung und Einstellung zu tun. Hinzu kommen eine Vielzahl von Faktoren im Kontext des Lerngeschehens, die die jeweilige Situation individuell beeinflussen. So wenig wie ein Trainingsmoment exakt dem anderen gleicht, lässt sich eine einheitliche Vorgehensweise zum Umgang mit schwierigen Situationen im Spiel aufzeigen.

Die folgende Sammlung von **10 Strategietipps**, die sich in Trainingssituationen bewährt haben, sehen wir als eine grobe Richtlinie oder als Leitgedanken. Das Feintuning bleibt Ihnen überlassen.

Da stimmt was nicht mit den Rahmenbedingungen

Sie sind gut vorbereitet, entspannt und pünktlich angereist und die freundliche Dame vom Tagungsservice zeigt Ihnen den bestellten Seminarraum: Statt Fenstern blicken Ihnen Lichtschächte entgegen, zwei Säulen behindern die freie Sicht und die Quadratmeterzahl des Raumes hat sich irgendwie halbiert.
Zumindest strahlt dieser Raum eine gewisse Ruhe aus. Allerdings nur so lange, wie die Bauarbeiter des Erweiterungsbaus ihre Mittagspause haben ...

Was können Sie tun?

Den Schwierigkeiten in den Rahmenbedingungen begegnen Sie am besten im Vorfeld durch detailgenaue Vorbereitung ▶ *Checkliste Planung Punkt 4, S. 55*. Ein Raumplan des Hotels ist obligatorisch, falls Ihre Trainingsmethodik von der Lokalität abhängig ist. Schildern Sie dann dem Tagungsservice Ihr genaues Vorhaben und Ihre Anforderungen, damit Sie einen Eindruck von der Machbarkeit Ihrer Spiele gewinnen.

Ein weiterer Schritt ist der von Ihnen skizzierte Raumplan: Erstellen Sie einen Raumplan, aus dem für das Hotel ersichtlich ist, welche Art der Raumgestaltung Sie benötigen ▶ *Raumplan in: Z.ielgerichtet inszenieren ... mit dramaturgischen Elementen, S. 120*. Doch selbst auf diese Raumskizze, vorab als Fax geschickt, ist nicht 100-prozentig Verlass. Reisen Sie lieber frühzeitig an, besonders dann, wenn Sie aufwendigere Installationen für Spiele geplant haben. So verschaffen Sie sich Zeit, um flexibel mit Überraschungen umzugehen.

1. Strategietipp:

Planen Sie sorgfältig, schicken Sie einen Raumplan und reisen Sie frühzeitig an.

Da stimmt was nicht mit dem Gruppenklima

Auch das kann schwierig werden: es passiert etwas oder es ist etwas geschehen, das die Gruppenstimmung negativ beeinflusst. Sie merken, dass die Gruppe schlecht drauf ist, haben aber unter Umständen nicht mitbekommen, warum. Viele Gründe sind möglich und sie müssen nicht unbedingt mit dem Seminar zu tun haben. Ursachen aus unserer Praxis sind z.B.

- ein Teilnehmer, der bis dato Führungskraft war, ist gerade degradiert worden,
- die Angst einiger Teilnehmer vor Prüfungen,
- der plötzliche Tod einer Kollegin zu Hause,
- ein Teilnehmer hat sich in einer Arbeitsgruppe den Teilnehmerinnen gegenüber schlecht benommen,
- in einer Gruppe, die häufig in der gleichen Zusammensetzung Seminare besucht, hat sich zwischenzeitlich ungeklärter Konfliktstoff angesammelt.

Was können Sie tun?

2. Strategietipp:

Machen Sie ein Gesprächsangebot, führen Sie Klärung herbei und ändern Sie ggf. Ihr Programm.

Wenn Sie solche Schwierigkeiten in Form von Lähmungen oder schlechten Stimmungen in Ihrer Gruppe wahrnehmen, ist es kaum möglich, mit der heiteren und lebendigen Methodik `Spiel´ ohne vorherige Klärung zu arbeiten. Wichtig ist, dass Sie möglichst schnell herausbekommen, was Sache ist. Ein Klärung im Gespräch mit Einzelnen oder der Gruppe kann Wunder wirken. Seien Sie aber zurückhaltend mit Lösungsvorschlägen, erfragen Sie diese lieber von der Gruppe.

Die Klärung kann dann auch ergeben, dass es angebracht ist, auf das Spielen zu verzichten, bzw. das Programm völlig umzustellen.

Da stimmt was nicht mit dem Gleichstand bei den Teilnehmern

Eine relativ häufige Schwierigkeit: Die TeilnehmerInnen sind nicht auf dem gleichen Stand. Auch wenn die Gründe hierfür ganz unterschiedlich sind, verfolgen die Strategietipps zur Lösung das gleiche Ziel: Die Gruppenmitglieder sollen in eine nahezu gleiche Ausgangsposition versetzt werden.

Beispiel 1: Wie kommen Sie zum gleichen Stand, wenn TeilnehmerInnen später erscheinen?

Integrieren Sie später Kommende in das schon laufende Geschehen. Besonders wichtig ist das am ersten Seminartag. Denn gerade dann, wenn Sie das Kennenlernen spielerisch gestalten, läuft schon in den ersten 10 Minuten soviel ab, dass ein nachkommender Teilnehmer in eine für ihn völlig überraschende, verunsichernde Situation hineingerät. Wie Sie diesen Teilnehmer am besten hereinholen, hängt von der Situation ab, in die dieser hereinplatzt.

Kommt jemand in einer Anfangssituation in ein bereits laufendes Geschehen, kann die Spielleitung die betreffende Person kurz beiseite nehmen, willkommen heißen und instruieren.
Manchmal passt auch eine freundliche Begrüßung und die Gelegenheit, sich kurz vor der Gruppe vorzustellen besser, um dann zu erläutern, was bisher geschehen ist.

3. Strategietipp:

Informieren Sie kurz über das Geschehen und integrieren Sie den neuen Teilnehmer rasch.

Geben Sie dem Teilnehmer keinen Raum für seine `-Story´ und keinesfalls mehr Raum sich vorzustellen, als den anderen Seminarteilneh-mern. Im Vordergrund sollte stets das Seminargeschehen bleiben.

Kommt jemand einen halben oder ganzen Tag später, lassen wir uns gerne von den Teilnehmern der Gruppe unterstützen: Die Gruppe kann dann in einer Art Rückblick erzählen, darstellen oder präsentieren, was sich bisher abgespielt hat. Optimal ist es, wenn Sie schon vorab über das Nachkommen informiert wurden und diesen Umstand humorvoll in die Spielhandlung integrieren können.

Beispiel 2: Wie kommen Sie zum gleichen Stand, wenn Kranke oder Behinderte unter den Seminarteilnehmern sind?

Haben Sie kranke oder behinderte Teilnehmer dabei, sollten Sie sich möglichst schnell einen Überblick darüber verschaffen, was diese Personen mitmachen können und was nicht.

4. Strategietipp:

Passen Sie das Spiel an die Behinderung an oder schaffen Sie zusätzliche Aufgaben.

Gleichstand herstellen heißt hier, die Methoden so auszuwählen oder anzupassen, dass alle ganz mitmachen können oder unterschiedliche, aber gleichwertige Aufgaben übernehmen können.

Bei vielen kooperativen Spielen z.B., ist die Rolle der Beobachtung eine gleichwertige Aufgabe. Mit einer Behinderung oder Krankheit umzugehen, etwa eine Teamaufgabe zu bewältigen, bei der der Rollstuhl ein echtes (aber nicht unlösbares) Handicap wäre, kann auch eine besondere Herausforderung für eine Gruppe sein. Allerdings setzt dies großes Selbstbewusstsein bei der betreffenden Person und natürlich ihr Einverständnis voraus.

Beispiel 3: Wie kommen Sie zum gleichen Stand, wenn ein Teilnehmer Verständnisschwierigkeiten signalisiert?

Sie können nicht anfangen, bevor nicht alle TeilnehmerInnen die Zielsetzung und Regeln des Spiels verstanden haben. Nach- und Verständnisfragen während des Spiels führen zu lästigen Unterbrechungen. Darunter leiden Dynamik und Motivation, denn der Rest der Gruppe will loslegen und wird stattdessen immer wieder gebremst.

Nicht immer sind Verständnisschwierigkeiten Probleme der Menschen, die sie benennen, sondern werden stellvertretend für die Gruppe oder Einzelne geäussert. Wiederholen Sie in diesem Fall knapp die Aufgabenstellung, das Ziel, die Regeln und machen Sie deutlich, wann oder wodurch das Spiel beendet wird. Benutzen Sie hierzu `Ich-Botschaften´: „Ich bin wohl ein wenig rasch in der Erklärung gewesen ..." oder „Ich fasse nochmals kurz die wichtigsten Regeln zusammen ...". Damit signalisieren Sie, dass sie die Situation erfasst haben und den einzelnen Teilnehmer nicht bloßstellen wollen.

5. Strategietipp:

Wiederholen Sie Ihre Erläuterungen, nutzen Sie Visualisierungen und reflektieren Sie die Prägnanz Ihrer Erklärungen.

Überprüfen Sie anschließend selbstkritisch, ob Sie Ihre Erläuterungen noch einfacher, noch deutlicher, noch schlüssiger aufbauen können.

Eine Visualisierung von Aufgabe, Ziel und Regeln ist besonders bei komplexen Aufgabenstellungen hilfreich. Zusätzlich zentrieren Sie so die Aufmerksamkeit und erreichen ebenfalls die stärker visuell orientierten Lerntypen.
(Hinweise zur zielgerichteten Erklärung von Spielen finden Sie in ▶ E.ngagiert handeln ... in der Spielmoderation, S. 181).

Da stimmt was nicht mit einzelnen Teilnehmern

Wie unterschiedlich das Leitungsverhalten in Trainingssituationen mit spielerischen Elementen sein kann, möchten wir Ihnen an den folgenden schwierigen Situationen mit einzelnen Teilnehmern aus unserer Seminarpraxis verdeutlichen:

Fallbeispiel 1: Ein Teilnehmer A reagiert aggressiv und greift andere Teilnehmer an.

Wenn Sie Spiele im Seminar einsetzen, haben Sie häufig mit Emotionen zu tun. Im Spiel wird Gefühlen Raum gegeben. Spielende TeilnehmerInnen kommen sich näher, zeigen mehr von ihrer Persönlichkeit und haben weniger Möglichkeiten, ihre „Fassaden zu pflegen".
Spiele setzen Emotionen und Gruppendynamik frei, manchmal eben auch Wut und Aggressivität.

Was können Sie tun?

1. Zunächst sollten Sie sorgfältig unterscheiden: Wurde die Aggression im Spiel ausgelöst, hat aber mit dem Spiel selbst nichts zu tun?

Ein Beispiel: Im Spiel entladen sich plötzlich und unvermittelt Aggressionen, die der Teilnehmer A gegen einen anderen schon über mehrere Tage gesammelt hat. Das Spiel ist unterbrochen, der Angegriffene geschockt, die Gruppe irritiert und erschrocken. Sie müssen schnell und entschieden denken und handeln.

Ihre Aufgabe ist es:

a) Einzuschätzen, ob der Angegriffene oder der Angreifer geschützt werden muss.

b) Zu erkennen, ggf. abzuklären, welche Bedeutung, auch für den weiteren Verlauf des Seminars, die Sache hat.

c) Zu entscheiden oder zu verabreden, ob der Vorfall

- zunächst übergangen und das Programm weitergeführt wird,
- eine Klärung auf später verschoben werden kann,
- im Seminar besprochen werden soll,
- oder ob es z.B. genügt eine kurze Pause anzubieten, damit die „Streithähne" ihre Sache klären können.

d) Zu überlegen, wie weiter mit dem unterbrochenen Spiel umgegangen werden kann, bzw. wie Sie gemeinsam mit der Gruppe wieder die Kurve kriegen.

Ist der Teilnehmer A aggressiv und sauer, nachdem er in der Spielsituation, etwa bei dem Versuch, die Aufgabe gemeinsam zu bewältigen, schlechte Erfahrungen gemacht hat?

Wenn es um das Lösen kooperativer Aufgaben in Gruppen geht, sollten Sie immer mit heftigen Reaktionen rechnen. Die – oft unter Zeitdruck zu bewältigenden Spielaufgaben – können Stress und Angst bewirken. Tief verwurzelte Persönlichkeitsstrukturen und Verhaltensweisen werden gefordert, in Frage gestellt und angegriffen. Die persönliche Betroffenheit ist wesentlich höher, als bei anderen Trainingsmethoden.

6. Strategietipp:

Sofort handeln: klären oder weitermachen?

4 E.ngagiert handeln ... in schwierigen Situationen

7. Strategietipp:

Sprechen Sie Emotionen in der Reflexion als erstes an.

Das Auftreten von Emotionen und Reaktionen ist normal und die Benennung dieser Gefühle ist der ideale Ansatzpunkt für die gezielte Reflexion des entsprechenden Spiels.
Gerade wenn die Gefühle stark sind, kann die Spielleitung hier leicht einsteigen und sollte dies auch tun, um eine emotionale Entlastung herbeizuführen.

Entscheidend für den daraus resultierenden Lernprozess ist in erster Linie die Fähigkeit des Trainers bei der Handhabung des Prozesses: Konfliktmanagement, zielgerichtete Gesprächsführung und das Geschick, mit der Gruppe alle Ebenen der Situation angemessen zu betrachten ▶ *P.assgenau verarbeiten ... Resultate von Spielen, S. 212*.

**Fallbeispiel 2:
Eine Teilnehmerin B weigert sich mitzuspielen.**

Manchmal sind wir dankbar für Verweigerungen. Nämlich dann, wenn TeilnehmerInnen uns dadurch direkt und offen mitteilen, wo ihre Grenzen liegen: Die Teilnehmerin B möchte bei einem Spiel nicht mitspielen, bei dem alle die Augen verbunden bekommen.

Wegen eines Knieschadens klinkt sich ein anderer Teilnehmer aus einem Spiel aus, bei dem eine Gruppe gemeinsam einen Gegenstand zu Boden bringen soll.

Diese Verweigerungen sind wertvolle Hilfen. Auch die sorgfältigst vorbereitete Trainerin kann nicht mit allem rechnen. Und so helfen solche offenen Hinweise, sich im weiteren Seminarablauf darauf einzurichten. Die Spiele, bei denen die Augen

verbunden werden, werden durch andere ersetzt.
Oder die Teilnehmerin bekommt eine andere Rolle,
z.B. die des Schutzengels, der aufpasst, dass die
anderen sich nicht stoßen.

Nicht immer sind aber Verweigerungen so klar
einzuordnen. Wenn einzelne Teilnehmer einfach
sitzenbleiben, wenn Sie die Gruppe bitten, zum
Spiel aufzustehen, oder wenn Teilnehmer den Raum
verlassen und eine ganze Weile nicht wiederkom-
men, dann können Sie Gründe vermuten, ersichtlich sind sie aber nicht.

Was können Sie tun?

Sie können niemanden zu seinem Glück zwingen.
Auch nicht zum Spielen.
Wenn Sie es irgendwie vermeiden können, dann
machen Sie nicht die Spielunlust oder Spielverwei-
gerung eines Einzelnen automatisch zum Maßstab
für die ganze Gruppe.

Sie können die Verweigerung sogar zunächst igno-
rieren, wenn das Verhalten des Einzelnen die Gruppe nicht zu stören scheint. Manchmal löst sich die
Sache dann von selbst in Luft auf, beim nächsten
Spiel steht die Person selbstverständlich auf und
macht mit.

Bewährt hat es sich, die betreffende Person kurz
anzusprechen. Fragen Sie, wie ihr Verhalten zu
interpretieren ist und nutzen Sie auch hier eine
sprachlich zurückhaltende Form und `Ich-Botschaf-
ten´, um die Teilnehmerin nicht vor der Gruppe
bloßzustellen.

Im kurzen Austausch wird die Situation verständlich und sowohl Spielleitung, als auch die Gruppe

8. Strategietipp:

Sehen Sie darüber hin-
weg oder sprechen Sie
die Sache kurz unter
vier Augen an.

erhalten ihre Handlungsfähigkeit zurück. Das weitere Vorgehen kann verabredet werden.

Verweigerungen sind Alltag im Seminargeschehen. Wo jedoch ausschließlich Vorträge gehört und Folien angeguckt werden, fallen sie nicht so auf.

Eine Antihaltung tritt gerade da besonders deutlich zu Tage, wo Interaktion, Gruppendynamik und persönliche Aktivität gefragt sind, z.B. beim Spiel. Verschiedene Möglichkeiten, mit einem Spielboykott umzugehen, haben wir mit TeilnehmerInnen unserer Moderationsausbildung `Spiel- und Erlebnismethodik im Training´ zusammengetragen:

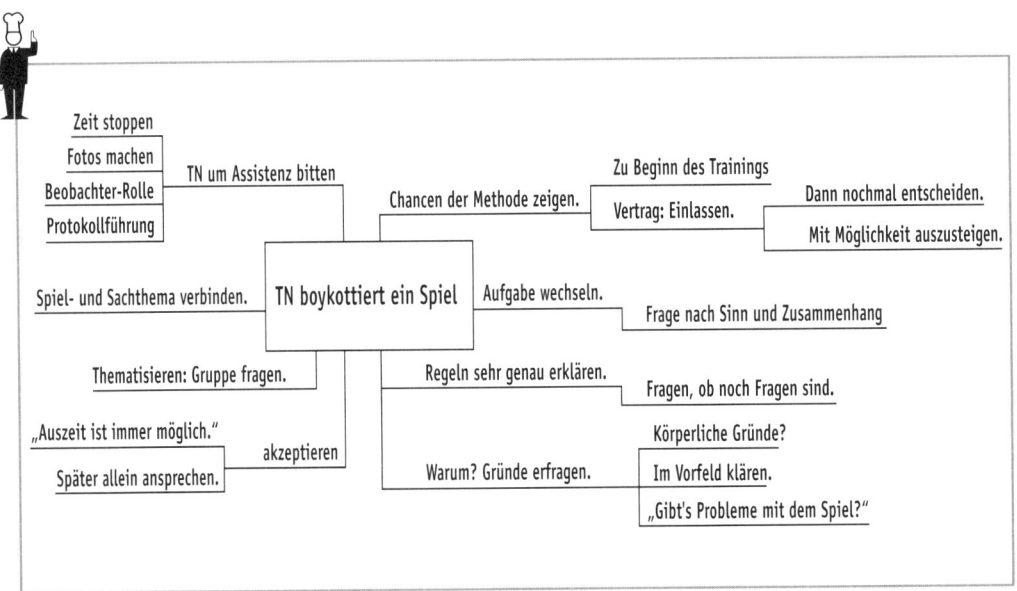

Fallbeispiel 3:
Eine Teilnehmerin C stellt die Methode `Spiel´ in Frage.

Ob diese Situation wirklich eine schwierige ist, hängt davon ab, mit welchem Hintergrund und zu welchem Zeitpunkt die Teilnehmerin dies tut. Vielleicht haben Sie es mit einem verdeckten Widerstand, z.B. auf Grund schlechter Vorerfahrungen oder Angst zu tun, oder Sie begegnen gerade einer sehr wachen Person, die über den Sinn dessen, was sie tun soll, informiert sein möchte. Das ist ihr gutes Recht. Fragt sich nur, ob der Zeitpunkt passend ist.

Es gibt Spiele oder Spielsequenzen, die ihren Reiz und auch ihren Sinn verlieren, wenn vorher über die Erfahrungen informiert wird, die erst gemacht werden sollen. Vergleichbar ist dies mit der Situation, wenn man einen Witz erklären muss ...

9. Strategietipp:

Diskutieren Sie Ihre Methoden – aber erst hinterher.

Was können Sie tun?

Was auch immer hinter dieser Anfrage steckt – gehen Sie nicht einfach darüber hinweg. Lassen Sie sich aber nicht vorschnell dazu verleiten, `den Witz zu erklären´. Achten Sie darauf, dass der Zeitpunkt gut gewählt ist.

Bewährt hat sich die Grundhaltung:
Methoden diskutieren? Gerne! Aber erst hinterher. Nach der Erfahrung.

Sie können zu diesem Zeitpunkt keine Methodendiskussion zulassen, möglich ist jedoch ein Erfahrungsangebot in Form einer `Extra-Einladung´:
„Ich weiß, das ist jetzt komisch für Sie, trotzdem bitte ich Sie, sich erstmal darauf einzulassen, wir können hinterher gerne ..."

10. Strategietipp:

Sprechen Sie eine `Extra-Einladung´ aus.

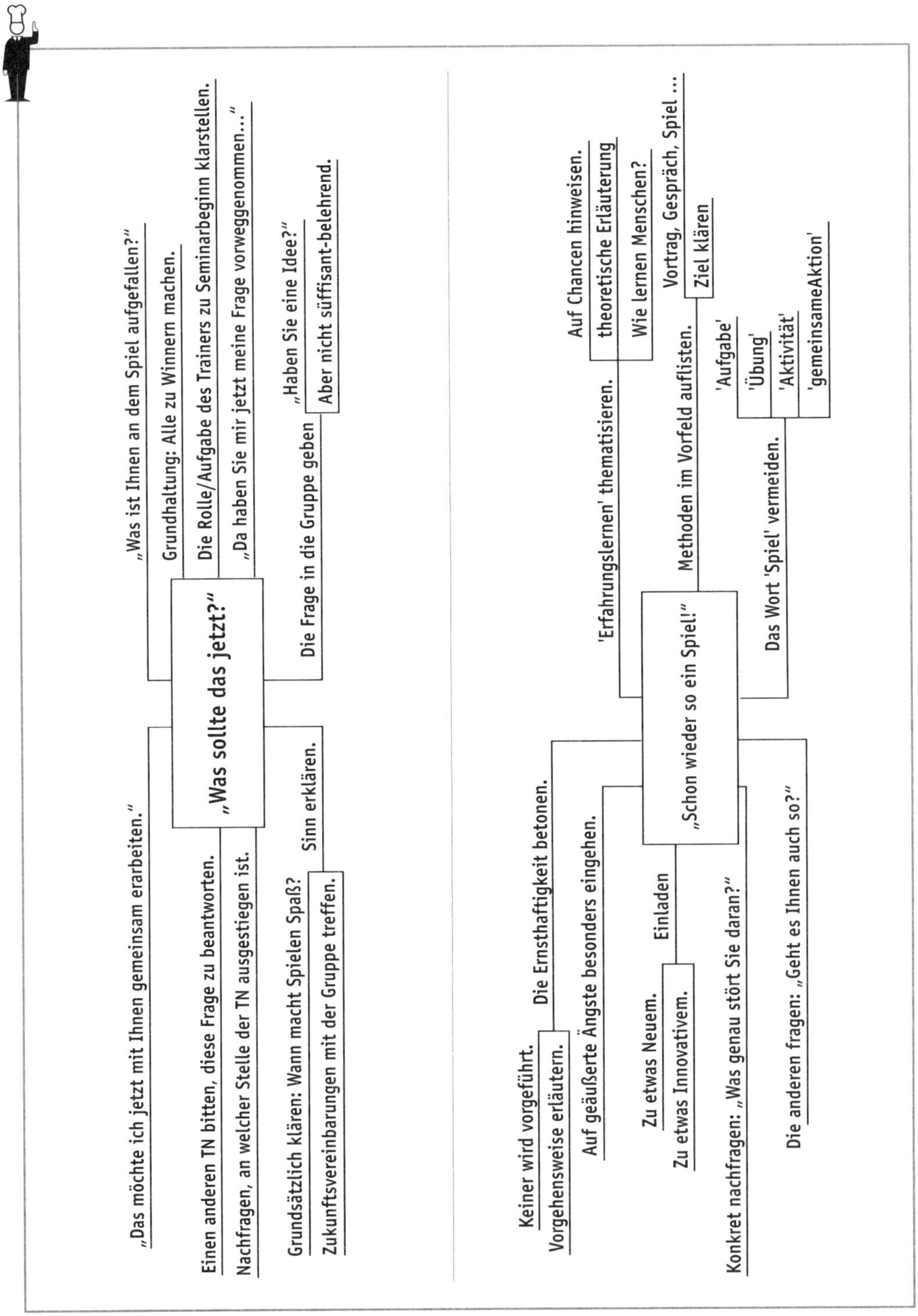

4 E.ngagiert handeln ... in schwierigen Situationen

„Was sollte das jetzt?"

- „Das möchte ich jetzt mit Ihnen gemeinsam erarbeiten."
- „Was ist Ihnen an dem Spiel aufgefallen?"
- Grundhaltung: Alle zu Winnern machen.
- Einen anderen TN bitten, diese Frage zu beantworten.
  - Die Rolle/Aufgabe des Trainers zu Seminarbeginn klarstellen.
  - Nachfragen, an welcher Stelle der TN ausgestiegen ist.
  - „Da haben Sie mir jetzt meine Frage vorweggenommen..."
- Die Frage in die Gruppe geben
  - „Haben Sie eine Idee?"
  - Aber nicht süffisant-belehrend.
- Grundsätzlich klären: Wann macht Spielen Spaß?
- Zukunftsvereinbarungen mit der Gruppe treffen.
- Sinn erklären.

„Schon wieder so ein Spiel!"

- Keiner wird vorgeführt.
- Die Ernsthaftigkeit betonen.
- Vorgehensweise erläutern.
- Auf geäußerte Ängste besonders eingehen.
- 'Erfahrungslernen' thematisieren.
  - Auf Chancen hinweisen.
  - theoretische Erläuterung
  - Wie lernen Menschen?
    - Vortrag, Gespräch, Spiel ...
    - Ziel klären
- Methoden im Vorfeld auflisten.
  - 'Aufgabe'
  - 'Übung'
  - 'Aktivität'
  - 'gemeinsame Aktion'
- Das Wort 'Spiel' vermeiden.
- Einladen
  - Zu etwas Neuem.
  - Zu etwas Innovativem.
- Konkret nachfragen: „Was genau stört Sie daran?"
- Die anderen fragen: „Geht es Ihnen auch so?"

„Ich verstehe Ihre Vorsicht und bitte Sie, dieses Spiel als Herausforderung und Lernerfahrung zu verstehen. Sie können nur gewinnen ..."

Grundsätzlich bieten Nachfragen und auch Infragestellungen immer die Chance, gemeinsam mit der Gruppe über die Vorteile von Spielen zu reflektieren. Verschiedene Entgegnungen auf die Teilnehmerreaktionen **„Was sollte das jetzt?"** und **„Schon wieder so ein Spiel?"** haben wir in zwei mit Seminarteilnehmern erarbeiteten Mindmaps zusammengefasst *(gegenüberliegende Seite)*.

Fallbeispiel 4:
Teilnehmer D geht nicht in Kontakt oder verlässt den Kontakt.

Teilnehmer D weicht Ihrem Blick immer wieder deutlich aus. Er verlässt sogar den Raum. Auch in den Pausen hält er auffallend Distanz. Offensichtlich möchte er aus irgendeinem Grund für Sie nicht erreichbar sein.

Das ist ein Problem. Wenn Sie Spiele im Seminar einsetzen, brauchen Sie den Kontakt zu den Teilnehmern. Die Akzeptanz der Methodik, das Ausschöpfen ihrer Möglichkeiten, die Intensität der Erfahrungen hängen auch davon ab, wie es Ihnen gelingt, zu den Teilnehmern eine stimmige Beziehung aufzubauen.

Was können Sie tun?

Sie können niemanden dazu zwingen, mit Ihnen in Kontakt zu treten. Aber Sie können das Ihre dazu beitragen, dass die Kontaktaufnahme doch noch zu Stande kommt. Am meisten verspricht ein Gespräch unter vier Augen, bei dem Sie den Teilnehmer offen

auf Ihre Beobachtungen ansprechen. Vielleicht haben Sie dem Teilnehmer, ohne es zu wollen auf die Füße getreten?
Oder sein Verhalten hat gar nichts mit Ihnen zu tun, sondern mit seinem Ärger darüber, dass er nicht freiwillig an diesem Seminar teilnimmt.

**Fallbeispiel 5:
Teilnehmerin E stellt Lustlosigkeit zur Schau und bricht laufend die Spielregeln.**

Beide Verhaltensweisen weisen darauf hin, dass irgendetwas es der Teilnehmerin E schwer macht, sich auf das Seminar und die Gruppe einzulassen.

Je kleiner die Gruppe, desto stärker wird sich ein solches Verhalten Einzelner auch auf Gruppenstimmung auswirken. Ein ständiges Brechen der Spielregeln kann darüber hinaus auch eine ständige, nervtötende Unterbrechung des Spielflusses bedeuten. Provokationen dieser Art können Sie im Interesse der Gruppe keinesfalls dulden.

Was können Sie tun?

Gespräche, evtl. zunächst unter vier Augen und dann in der Gruppe sind hier angebracht. Gut ist es, wenn der Betreffenden die (nicht unbedingt beabsichtigte) Wirkung ihres Handelns auf die Gruppe deutlich wird. Wichtig ist, darauf zu achten, dass die Teilnehmerin nach dem Gespräch wieder ihre faire Chance bekommt.
▶ *Mindmap: TN boykottiert ein Spiel, S. 166.*

Fallbeispiel 6:
Die ganze Gruppe weigert sich mitzuspielen.

Dies beschreibt einen offensichtlich häufig geträumten Alptraum vieler Kolleginnen und Kollegen in unseren Spieleworkshops. Den Fall, dass sich eine ganze Gruppe gegen den Trainer verabredet, haben wir in unserer Praxis noch nicht erlebt und halten es auch für unwahrscheinlich.

Wahrscheinlicher ist, dass ein oder mehrere Wortführer Widerstände äußern, die zum Teil die Gruppensituation wiederspiegeln. Mögliche Formen dieser Widerstände haben wir weiter oben bereits beschrieben.

Die Verweigerung der gesamten Gruppe ist der absolute Alptraum vieler Kollegen. Wir haben ihn in unserer Praxis noch nicht erlebt.

Was können Sie tun?

Finden Sie heraus, ob es sich um ein Einzel- oder Gruppeninteresse handelt. Wenn tatsächlich eine ganze Gruppe nicht spielen will, dann spielen Sie mit. Setzen Sie keine Spiele gegen den Widerstand der Gruppe ein.

Im Kapitel ▶ *R.ichtig anfangen ... als Trainer in der Akquise, S. 37,* finden Sie eine weitere Liste mit Anregungen zum Umgang mit Widerständen.

4 E.ngagiert handeln

> „Wir sind immer die Schnellsten.
> Während andere noch fallen,
> liegen wir schon auf der Schnauze".
> Rolf Birmes

Wie handle ich engagiert ...
... in der Spielmoderation?

So unterschiedlich wie Köche und Köchinnen ihre Speisen zubereiten und anrichten, so unterschiedlich gehen auch TrainerInnen ihre Aufgabe an: Sie können Spiele trocken, blumig, nüchtern, philosophisch, mitreißend oder sonstwie anleiten. Es gibt unzählige Möglichkeiten, wie Sie Ihren Teilnehmern das Spielemenue schmackhaft machen können.

Es gibt dabei kein falsch oder richtig, sondern allenfalls ein stimmig oder unstimmig. Stimmig soll die Spielmoderation sein, passend zu Ihnen, der Gruppe, der Situation und dem Thema.

In diesem Kapitel erfahren Sie:
- Warum eine Spielmoderation kein Kinderspiel ist
- Welche Aufgaben Sie bei der Moderation von Spielen bewältigen müssen
- Welches die häufigsten Fallen sind, über die Sie in der Spielmoderation stolpern können

# Spielmoderation – kein Kinderspiel

Die Spielmoderation kann einen guten Prozess ermöglichen, nicht erzeugen.

Eine Spielmoderation hat Angebotscharakter, das heißt, Sie können einen gut verlaufenden Prozess ERMÖGLICHEN, aber nicht erzeugen.

Damit sie gelingt, brauchen Sie „Geländer", an denen Sie und die TeilnehmerInnen sicher entlang gehen können:
Die Geländer begleiten Ihren Weg, geben Halt.
Sie können sich daran festhalten, wenn Sie wollen, aber Sie müssen nicht. Solange Sie sicher sind, bewegen Sie sich frei. Strauchen Sie, so ist das Geländer neben Ihnen.

Der Weg am Geländer beginnt in der Anfangssituation. Die Kunst besteht darin, aus der Offenheit und Unverbindlichkeit der Anfangssituation mit der Gruppe „in einen Fluss zu kommen".
Die Spielmoderation entwickelt und entfaltet sich dann als ein offener und fortlaufender Prozess.
Sie ist nur begrenzt planbar.

Ähnlich wie beim Spaziergang auf einem Bürgersteig, können Sie nie hinter die nächste Kurve oder Ecke gucken. Sie sehen zwar, dass in einigem Abstand eine Kurve kommt, was Sie aber dahinter erwartet wissen Sie erst, wenn Sie an Ort und Stelle sind. Dabei haben Sie gegenüber den TeilnehmerInnen noch einen Vorteil: Während diese wirklich nicht wissen, was sie erwartet, verfügen Sie über Ihre geplanten Geländer und eine sehr persönliche Qualität: „Ahnung aus Erfahrung".

Geländerformen für die Spielmoderation

- Checklisten
- Ablaufpläne
- Stichwortzettel
- Spielanleitungen
- Spielregeln
- Verhaltensregeln
- Roter Faden

Deshalb ist es so wichtig, Sympathien zu gewinnen, und den TeilnehmernInnen einen sicheren Rahmen abzustecken. Geben Sie eine Orientierung für Abläufe, Umgangsformen und Verhalten und schaffen Sie damit für die Gruppe eine Verbindung zu dem, was sie noch nicht sehen kann.

10 Aufgaben der Spielmoderation

Bei der Moderation von Spielen müssen Sie sich in der Kunst üben, die Qualitäten eines Bergführers und eines Künstlers in sich zu vereinen:
Dem Bergführer in Ihnen kommt eine gute Ausbildung und Ausrüstung zugute, der Künstler in Ihnen braucht darüber hinaus Ideen, Persönlichkeit, Ausstrahlung.

Die Spielleitung muss:

Wie ein Bergführer einen Rahmen geben (Aufgabe 1-6):

verantwortlich und genau vorbereiten, planen, strukturieren, vorgehen und Schaden abwenden.

Der passende Rahmen sichert den Erfolg Ihrer Spielsituation bestmöglich ab. Neben der anpassungsfähigen Planung und Vorbereitung gehört dazu auch die Überprüfung Ihrer Einstellungen und Haltungen.

**Wie ein Künstler
Gestalten und Impulse geben (Aufgabe 7-10):**

durch Ihre Ausstrahlung motivieren und Interesse wecken am Fremden, Neuen, Besonderen.
Es ist Ihre Art der Gestaltung, die Ihr Spielvorhaben abrundet, mit Leben füllt, Impulse gibt und zum Erfolg führt. Das Gestalten ist eine sehr individuelle Kunst. Hier geht es um Motivation und Animation durch Ausstrahlung, Persönlichkeit und Ideen.
Jede Trainerin, jeder Trainer hat einen eigenen Stil oder muss diesen Stil finden.

Gestaltungsspielräume gibt es für die Spielmoderation viele – wie sie allerdings genutzt werden – das ist eine Frage des individuellen Stils oder der individuellen Entscheidung.

Aufgabe 1: Achtsam ChefIn sein

Bei der Anleitung von Spielen übernehmen und tragen Sie die volle Verantwortung. Sie kennen sich aus und entscheiden, wo Regeln einzuhalten, und wo Gestaltungsspielräume für die TeilnehmerInnen sind. Sie behalten den Überblick, überwachen alle Arbeitsschritte und sorgen dafür, dass nichts anbrennt. Es ist wichtig, dass die Teilnehmenden nicht nur Ihre Autorität, sondern auch Ihr Verantwortungsgefühl spüren. Denn die Achtsamkeit, die Sie ausstrahlen, gibt der Gruppe Sicherheit und das Vertrauen, sich auf etwas einzulassen, dessen Folgen sie noch nicht ermessen können.

Wichtig ist, dass die TN nicht nur Ihre Autorität, sondern auch Ihr Verantwortungsgefühl spüren.

Aufgabe 2:
Spiele sorgfältig auswählen

Orientieren Sie die Spiele an der Gruppe, dem Thema, der Seminarsituation und den räumlichen und zeitlichen Bedingungen. Je gründlicher Sie diese Voraussetzungen vorher recherchieren, um so treffender können Sie die Spiele auswählen.

Bleiben Sie aber flexibel. Denn im Seminarverlauf spürt eine Gruppe, ob Sie Ihr Programm „herunterspulen", oder ob Sie Ihr Vorgehen und Ihre Methoden auf diese individuelle Gruppe in ihrer spezifischen Situation laufend abstimmen.

Sind ganze Spielsequenzen geplant, ordnen Sie die einzelnen Spiele untereinander so an, dass ein Spannungsbogen entsteht.

Ebenso wichtig wie ein sinnvoller und dynamischer Aufbau hinsichtlich Inhalt und Themenbezug, ist eine abwechslungsreiche Gestaltung hinsichtlich Spieltempo und Spielform.

Kriterien sind z.B.: Wechsel von lauten und leisen, bewegten und ruhigen, bekannten und unbekannten, einfachen und komplizierten, Einzel- und Gruppenspielen. Auch die Variation in der Zusammenstellung der Gruppen ist ein Gestaltungsmittel, das genutzt werden kann.

Abwechslungsreiches Spieltempo und Spielform sind ebenso wichtig wie der inhaltliche Aufbau.

Aufgabe 3: Gefahrenquellen kennen

Bevor Sie ein Spiel einsetzen, sollten Sie seine ´Gefahren´ kennen und sich durch entsprechende Vorbereitung oder Gestaltung darauf einrichten. Drei verschieden gelagerte Beispiele zeigen Ihnen die Bandbreite der möglichen Gefahren.

1. Gefahrenquelle: Ungenaue Spielanleitung

Beim Bleistiftspiel ist ein wichtiger Auswertungsgesichtspunkt, wie die Gruppen die ihnen gestellte Aufgabe verstehen: Geraten sie sofort in einen Wettbewerb oder wird zusammen gearbeitet? Wird über das Aufgabenverständnis gruppenintern und gruppenübergreifend nachgedacht?

Um diesen Gesichtspunkt zu erhalten, kommt es für die Spielmoderation darauf an, eine Spielerklärung zu liefern, die keine Fragen offen lässt. Denn wenn die Teilnehmenden erst anfangen zu fragen, kommen sie schnell auf die Überlegungen, die den Sinn des Spiels unterlaufen und das anschließende Spielen überflüssig machen. Fragen müssen also hier unbedingt verhindert werden und dies können Sie, indem Sie Ihre Worte sehr sorgfältig wählen und eine schriftliche Anleitung an die Gruppen geben.

REZEPT
Das Bleistiftspiel

Jeweils drei Gruppen à 3-5 Personen werden gebildet. Gruppe A erhält einen Anspitzer, Gruppe B vier abgebrochene Bleistifte, Gruppe C viele kleine Blätter unbeschriebenes Papier.

Aufgabe:
Es wird sich auf einen Gruppennamen geeinigt. Dann geht es für jede Gruppe darum, möglichst viele Papierblättchen – mit dem Gruppennamen beschriftete Zettel – zu produzieren und nach einer verabredeten Zeit (10-15 Min.) bei der Spielleitung abzugeben. Es dürfen nur die ausgeteilten Materialien benutzt werden.

2. Gefahrenquelle:
Nicht Beachten der persönlichen Distanz

Das nebenstehende unkomplizierte Spiel `Rückenmalen´ hat einen kleinen „gefährlichen Moment": die TeilnehmerInnen müssen sich körperlich berühren, wenn sie den anderen ein Symbol auf den Rücken zeichnen wollen. In vielen Gruppen ist dies überhaupt kein Thema, in anderen kann es für einzelne Teilnehmer ein Hindernis sein.

Deshalb halten wir für diesen Fall Kugelschreiber bereit, mit deren Rückseite sich gut Symbole auf Rücken zeichnen lassen. Bevor wir das Spiel einsetzen, schätzen wir ein, welches Vorgehen in der Gruppe das Angemessene ist. Wenn wir allerdings Kugelschreiber verteilen, dann an alle, um nicht einzelne zu beschämen.

REZEPT
Rückenmalen

Eine oder mehrere Gruppen (mind. 4 Personen) setzen sich hintereinander auf Stühle. Die jeweils Ersten der Reihen bekommen ein Blatt und einen Stift. Die Spielleitung zeigt den Letzten einen Zettel mit einem Symbol, Zahl o.ä.. Dieses wird mit dem Finger (oder Kugelschreiberrückseite) auf den Rücken der Vorderfrau / des Vordermannes gemalt. Wer eine Zeichnung auf dem Rücken gespürt hat, gibt sie weiter nach vorne. Bei den Ersten angekommen, malen diese auf, was sie gespürt haben. Das ausgehende Symbol und die ankommende Zeichnung werden verglichen.

REZEPT
Roboterspiel

Es werden Dreiergruppen gebildet. Zwei Roboter stehen Rücken an Rücken, betreut durch einen Techniker.
Die Roboter werden gestartet und laufen nur geradeaus.
Sie können durch Klopfen an den Schultern rechtwinklig abgelenkt werden. Trifft ein Roboter auf ein Hindernis, tippelt er auf der Stelle und ruft seinen Techniker mit einem lauten: lödelödelödelödel. Der Techniker erscheint, befreit den Roboter und versucht, ihn vis-a-vis (Bauch an Bauch) mit dem anderen Roboter zusammenzubringen. Rollentausch.

3. Gefahrenquelle: Falsch eingeschätzte Stimmung

Der Reiz des Roboterspiels liegt in seiner Albernheit. Er entfaltet sich nur, wenn die Gruppe sich verführen lässt, eine ausgelassenen Heiterkeit an den Tag zu legen. Aufgabe für die Spielmoderation ist es, das Spiel entsprechend anzuleiten. Die Gruppenmitglieder müssen aber aus dem Stadium der Fremdheit heraus sein und eine vertrauensvolle Atmosphäre untereinander aufgebaut haben. In konflikthaften Situationen oder bei schlechter Stimmung in der Gruppe kann das Roboterspiel nicht gespielt werden. Sein wahrer Reiz wird sich nicht entfalten. In einem solchen Kontext wirkt es eher kontraproduktiv und verstärkt – falls sich die Teilnehmer überhaupt darauf einlassen – die belastete Stimmung.

Gefahren liegen aber nicht nur in den Spielen selbst, sondern können auch aus der Situation blitzschnell entstehen. Dann kann es notwendig werden, zu intervenieren, um Schaden von Mensch und Spiel abzuwenden.

Rezepte zum schnellen Intervenieren

Steuernd in das laufende Geschehen eingreifen
- Anheizen
- Lösungstipps geben
- Zusätzliches Material bereitstellen
- Auf Einzelne im Spiel einwirken

Spiel unterbrechen
- Klärung herbeiführen
- Beispiel geben

Spiel abbrechen
- Öffentliche Klärung
- 4-Augen-Gespräch

Aufgabe 4: Spiele und Regeln gut erklären und im Verlauf überwachen

Die Spielerklärung leitet das Spiel ein und bestimmt wesentlich das weitere Geschehen mit. Wenn die Erklärung zu lange dauert, zu kompliziert ist oder nicht verstanden wird, nimmt dies schon im Vorfeld dem Spiel den Schwung und der Gruppe die Motivation. Sofort entstehen ungewollte gruppendynamische Prozesse: Ein Teilnehmer (der z.B. nicht alles verstanden hat,) geht möglicherweise in den Widerstand, weil er vor der Gruppe nicht als dumm dastehen will.
Es lohnt sich also, die Spielerklärung sorgfältig aufzubauen: Einfach und präzise, knapp und knackig, und am schwächsten Teilnehmer orientiert.

Die Spielregeln müssen, bevor das Spiel los geht, ganz klar sein. Ein Versäumnis rächt sich spätestens dann, wenn auf Grund unklarer Regeln Diskussionen oder schlechte Laune entstehen und das Spiel abgebrochen werden muss.

Ein probates Mittel, um festzustellen, ob alles verstanden wurde, ist der Probedurchlauf. Vieles erklärt sich noch einmal von selbst und es können Regeln verdeutlicht oder verändert werden. Allerdings eignet sich der Probedurchlauf nicht für alle Spiele.

Bei einigen Spielen ist es erforderlich, die Spielregeln aufzuschreiben, um die Interpretationsspielräume eng zu halten. Wo es auf einzelne Worte ankommt, beginnen sonst im Nachhinein die Diskussionen, ob der Trainer das jetzt genau so oder anders gesagt hat.

Spielerklärungs-REZEPT

- zu Beginn das Spielziel und das Spielende benennen
- klare Spielregeln festlegen
- einfach und unkompliziert in kurzen Sätzen reden
- knapp und präzise formulieren
- zum Schluss vergewissern, dass alle alles verstanden haben

4 E.ngagiert handeln ... in der Spielmoderation

Da wir (TeilnehmerInnen wie Spielleitung) hier ganz schnell Opfer unserer selektiven Wahrnehmung werden, entlasten wir uns und die Gruppe, indem die entscheidenden Aussagen auf der Flip-Chart notiert werden. So stehen sie offen und präsent im Raum, erleichtern das Verständnis und die Überprüfung und Einhaltung der Regeln.

Einmal aufgestellte Regeln müssen ständig kontrolliert werden. Je nach Spiel passiert das intern (durch die SpielerInnen) oder extern (durch eine Sonderrolle oder den Trainer).

Die Einhaltung der Regeln erfordert Stringenz. Eine lasche oder zweideutige Auslegung fällt im Zweifelsfall immer auf den Trainer zurück. Achten Sie einmal darauf: Fast jede Gruppe sucht die Schuld für ein Misslingen oder schlechtes Abschneiden in einer Spielsituation zuerst einmal aussen (Trainer, Regeln, Rahmenbedingungen). Erst der zweite Schritt heisst Selbsterkenntnis und Eigenverantwortlichkeit für das Ergebnis.

Gerade, wenn die Regeleinhaltung auch unliebsame Entscheidungen des Trainers mit sich bringt (z.B. das Entfernen eines Sympathieträgers aus der Gruppe, der Verlust von Punkten, Ressourcen oder Kapital, das Verkünden des Scheiterns), benötigen wir die visualisierten Regeln als Hilfe: Sie leiten den Blick der Gruppe auf die Sache und geben dem Trainer Orientierung für seine Rolle als Schiedsrichter.

Visualisierte Regeln leiten den Blick der Gruppe auf die Sache und geben dem Trainer Orientierung.

Aufgabe 5:
Deutlich beginnen und enden

Die Übergänge von den Ernst- in die Spielsituationen sollte klar, deutlich abgegrenzt und für alle gleichzeitig sein. Sorgen Sie deshalb für einen konzentrierten Beginn des Spiels, wenn alle verstanden haben, worum es geht.

Viele Spiele sind zu Ende, wenn das Spielziel erreicht oder die Zeit abgelaufen ist. Bei anderen Spielen ergibt sich das Ende aber nicht von selbst, sondern erst dann, wenn Sie einen Schlusspunkt setzen.

Wann dazu der richtige Zeitpunkt ist, ist eine individuelle Entscheidung. Mit wachsender Erfahrung wächst auch Ihr Gefühl für den richtigen Zeitpunkt. Grundsätzlich gilt aber: Spiele nicht totspielen. Auf Höhepunkte achten und im Zweifel lieber abbrechen, wenn es am Schönsten ist.

Spiele nicht totspielen. Auf Höhepunkte achten und im Zweifel lieber abbrechen, wenn es am Schönsten ist.

Aufgabe 6:
Materialien gut vorbereiten

Sorgen Sie dafür, dass Ihre Spielmaterialien gut vorbereitet sind und in ausreichender Zahl griffbereit zur Verfügung stehen. Wenn Sie vor Beginn des Spiels suchen müssen, nehmen Sie sich und der Gruppe die Anfangskonzentration und den Schwung.

Die Verwendung von möglichst anregenden Materialien drückt Ihre Wertschätzung gegenüber der Gruppe aus.

Wir raten zur Verwendung von möglichst anregenden Materialien. Denn diese animieren nicht nur die TeilnehmerInnen und unterstützen Ihr Spielvorhaben, sondern drücken auch Ihre Wertschätzung der Gruppe gegenüber aus.

Ein Teil der Vorbereitung ist schon das Aufschreiben der Spiele: Unsere Ablaufpläne beinhalten auch immer gleich die Materialhinweise für die einzelnen methodischen Schritte.
▶ *Z.ielgerichtet inszenieren ... durch Auswahl und Gestaltung von Materialien, S. 137.*

4 E.ngagiert handeln ... in der Spielmoderation

Beispiel: Ablaufplan mit Materialliste

• methodische Schritte
▫ Material (Symbol zum Abhaken)
◦ Kopien erstellen (Symbol zum abhaken)

11.00 Einführung	• Vorstellung	▫ Vorbereitete Charts
	• Programmübersicht	▫ Klemmbretter
	• Einführung in das Thema	▫ Phasen-Karten
	• Reflexion der Spieleeinheit	
11.15 Spiele zum Thema Wahrnehmung	◦ Sprecher, Modell & blindes Huhn	▫ Plakat 2 Boxer
	◦ Bandwurm	▫ Bleiband
	◦ Mit Stäben führen	▫ Mikados
		▫ Musik
11.45	• Reflexion der Spieleeinheit	
	◦ Plus – Minus – Fragezeichen	▫ Plakate + - ?

Funcke/Rachow: Rezeptbuch für lebendiges Training – ©2002 managerSeminare

Aufgabe 7: Aufmerksam und offen sein

Schon bei der Anmoderation von Spielen kommen die ersten Teilnehmerreaktionen in verbaler oder nonverbaler Form, die vor allem eines signalisieren: Man folgt unseren Worten. Auch wenn bestimmte Kommentare vordergründig nicht konstruktiv wirken, zeigen Sie doch, dass mitgedacht, verstanden und gezweifelt worden ist, und dass noch Klarheit, Vertrauen oder Verständnis erzeugt werden muss.

Würdigen Sie Anregungen Ihrer TN. Setzen Sie die Vorschläge aber nur vorsichtig um. Bei vielen Spielen ist es sinnvoll, mit der bewährten `Urform´ zu beginnen.

Manchmal regen TeilnehmerInnen an, das bevorstehende Spiel mit veränderten Regeln oder Erweiterungen durchzuführen. Es kommt sogar vor, dass Varianten vorgeschlagen werden, die besser sind als unsere eigenen. Wir reagieren darauf erst einmal aufmerksam und würdigend, um nicht weiteres Mitdenken zu unterbinden. Selten setzen wir die Vorschläge direkt um, denn bei vielen Spielen geht es erst einmal darum, dass sie in ihrer bewährten `Urform´ beginnen können. Im weiteren Verlauf können sie dann variiert werden. Die ganze Situation ist eine Gratwanderung, denn weder soll die Ursprungsintention des Spiels (mit Sinn und Zielorientierung für das Training) verloren gehen, noch wollen wir die TeilnehmerInnen mit ihren Ideen abwürgen.

Aufgabe 8: Leitungsrolle anpassen

Von den Teilnehmern in unseren Spieleworkshops werden wir manchmal gefragt, ob es in der Rolle der Spielleitung sinnvoll ist, mitzuspielen. Um dies zu beantworten teilen wir hier die Vielzahl der Trainingsspiele in zwei Gruppen:

- Spiele, bei denen Einzelne oder die Gruppe und ihre Leistung zum Lösen einer Aufgabe oder Erreichen eines Ergebnisses gefragt ist (z.B. Teamspiele, Problemlösungsaufgaben, Denk- und Rätselspiele)

  und

- Spiele, deren Schwerpunkte im individuellen und kollektiven Erleben ohne direkte Lösungsorientierung liegt (z.B. Wahrnehmungsspiele, Spass- und Bewegungsspiele, Kommunikationsübungen).

Bei den erstgenannten halten wir uns generell zurück, denn jede unserer Interventionen verändert das Ergebnis.
Schon ein Aufmerksammachen auf Fehler oder ein Optimierungsvorschlag von der Spielleitung nehmen den Akteuren einen Teil der Erkenntnis, die ja anschließend reflektiert werden soll.

Haben wir uns hier eingemischt, hören wir: „Wenn die Leitung nicht geholfen hätte ..."
Das Vertrauen in die Fähigkeiten der Teilnehmer wird in Frage gestellt und der Trainer als der (Besser-)Wissende erlebt.

Ausnahme: Es fehlen AktionspartnerInnen. Wenn jemand fehlt und keine Variationsmöglichkeit vorhanden ist, springen wir ein, damit nicht ein Einzelner oder eine Kleingruppe handlungsunfähig wird.

Unser Vorgehen ist dann ein möglichst absichtsarmes. Wir lassen uns von der Gruppe und ihren Ideen leiten und bleiben weitestgehend passiv. `Nichts tun ohne vorherige Aufforderung durch die Gruppenmitglieder´ ist hierbei der Leitgedanke.

Bei den Spielen der zweiten Gruppe lautet die Devise: mal mitspielen, mal anleiten, jedoch niemals die Leitung abgeben. Hier sind wir gerne aktiv – auch, um zu demonstrieren, dass die Tätigkeit `Spiel´ eine sinnvolle ist und niemand hier lächerlich gemacht oder vorgeführt werden soll. Das gemeinsame Erleben der Situation hat einen Wert und wir signalisieren, dass wir die Sonderrolle `Trainer´, die wir in der Gruppe besitzen, flexibel handhaben oder sogar verlassen können.

Ein Glücksfall: Die Co-Moderation

Ein Glücksfall ist natürlich die Co-Moderation: Sobald mehrere SeminarleiterInnen agieren, kann bei den Spielen der zweiten Gruppe wunderbar variiert werden. Wer genau die Leitung hat, muss den Spielenden jedoch stets klar sein.

Mit der Co-Moderation können Sie Aufgaben und Rollen im Team verteilen.

Ein(e) Co-TrainerIn kann z.B.:

- sich um Außenseiter kümmern
- eine Kleingruppe übernehmen
- Material bereitlegen
- schon die nächste Spiel- oder Arbeitseinheit vorbereiten
- die anschließende Reflexion übernehmen

Aufgabe 9: Gezielte Ansprache und Aufmerksamkeit für alle TeilnehmerInnen

Wesens- und Charaktermerkmale, Gewohnheiten und Unterschiede in den Vorgehensweisen einzelner Gruppenmitglieder treten bei der Methodik Spiel deutlicher und schneller zutage, als bei anderen Methoden. Manche Teilnehmer z.B., packt schon beim Erklären der Aufgabenstellung der Ehrgeiz oder die Lust, direkt loszulegen und sich selbst oder ein Ergebnis zu produzieren. Je nach Spiel und Gruppe kann sein solches `Hase und Igel-Verhalten´ („Ich bin schon da") für die Mitspielenden eine Bremse sein.

Dieser Moment verlangt die volle Aufmerksamkeit der Spielleitung, die natürlich immer zwischen der Ansprache der Gruppe als Ganzes und der individuellen Anrede des einzelnen Teilnehmers balancieren muss.

Unsere Handlungsempfehlung hierbei lautet: Mit der Gruppe im Blick ihre Leistung und die der Einzelnen fördern. Deutliche Signale sind (nur) die Signale Einzelner und können nicht als Gruppenthema interpretiert werden.

Wesens- und Charaktermerkmale, Gewohnheiten und Unterschiede in den Vorgehensweisen einzelner Gruppenmitglieder treten bei der Methodik Spiel deutlicher und schneller zutage, als bei anderen Methoden.

Aufgabe 10: Den EGO-Sensor beachten

Bei all den Blicken auf die Gruppe und die Aktion, gilt es auch stets ein sehr empfindsames Instrument im Blick zu halten: den EGO-Sensor!

Als solchen bezeichnen wir die intuitive Instanz in uns, die, einmal aktiviert, verlässlich Auskunft über Befindlichkeiten und den aktuellen Stand der Gruppe gibt. Auch wenn wir es als Trainer gewohnt sind, eine professionelle innere Distanz zu den Teilnehmern aufzubauen, reagieren wir doch intuitiv auf Stimmungsschwankungen.

Gerade in der Interaktion des Spiels bekommen wir (im Gegensatz etwa zu einer Vortragssituation) viel genauer mit, welches Klima in der Gruppe oder bei Einzelnen vorhanden ist.

Wenn ein Spiel nicht funktioniert, dann ist dies ein lohnenswerter Anknüpfungspunkt für die Auswertung.

Das vereinfacht beispielsweise die Reflexionsarbeit: Wenn ein Spiel ´nicht funktioniert´ oder bei uns ein belastendes Gefühl hinterlassen hat, dann ist dies ein lohnenswerter Anknüpfungspunkt für die Auswertung. Wenn die Situation für mich bedrückend ist, ist sie das in der Regel auch für (einen Teil der) TeilnehmerInnen.

Umgekehrt funktioniert der EGO-Sensor natürlich auch: Die Leichtigkeit und der Spass der Gruppe übertragen sich und erzeugen bei uns Trainern eine Grundstimmung, die wiederum die Gruppe beeinflusst. Für das Arbeiten mit und die Auswahl von Spielen heisst dies: Finden Sie die Spiele, die Ihnen Spaß machen und die Sie überzeugen. Wenn Sie Spaß haben oder ein Spiel gut finden, überträgt sich das auf die Gruppe und erzeugt Freude und Akzeptanz.

Stolperfallen bei der Moderation von Spielen

Dogmatismus

Mit Dogmatismus sind Sie in der Spielmoderation nicht gut beraten. Denn wer dogmatisch agiert, unterscheidet und differenziert nicht mehr. Bei unerfahrenen SpielmoderatorInnen ist nach unserer Erfahrung z.B. das dogmatische Abblocken von Teilnehmer-Anregungen verbreitet, vermutlich aus Angst vor Verunsicherung. Ein solches Verhalten kann sich rächen, Demotivierung oder Widerstand sind dann die Folgen.

Der dogmatisch Moderierende beginnt ein neues Spiel: `Wer setzt sich mit seiner Meinung durch?´ Das eigentliche Spiel wird durch eine neue Ebene erweitert.

Verschiedene Spielebenen und solche Teilnehmer-Trainer-Spiele gibt es natürlich immer, eine dogmatische Haltung lässt sie jedoch ungewollt schnell zur Hauptaktionsfläche werden. Lohnender ist es, zu einer gelassenen und flexiblen Haltung zu finden.

Kleben am Rezept

Die Vielfalt der auftauchenden Situationen erfordert auch eine Vielfalt der Reaktions- und Vorgehensweisen. Das Kleben am Rezept ist keine Lösung für unsichere Situationen – im Gegenteil – besser ist es, sich zu lösen und schnell eine neue Suppe zu kochen und sich dabei evtl. sogar von den Teilnehmenden helfen zu lassen. Wir machen recht gute Erfahrungen damit, die Gruppe einzubeziehen, wenn wir nicht weiter wissen.

Stolperfallen
- Dogmatismus
- Kleben am Rezept
- blindes Wüten
- Dinge nicht in die Reihe bekommen
- Vergesslichkeit
- die Tücke im Detail

Die offene Frage zum weiteren Vorgehen signalisiert der Gruppe auch Wertschätzung: Wir halten die Gruppe für kompetent und sind an einer gemeinsamen Optimierung der (Trainings-)Situation interessiert.

Blindes Wüten

Facetten blinden Wütens in der Spielmoderation sind beispielsweise:

- Durchziehen, komme was wolle.

- Spiele durchsetzen, egal ob es passt oder nicht.

- Teilnehmern etwas überstülpen, wird schon gutgehen.

- Einsprüche plattwalzen, `Menschen fressen´.

Ursache solcher Verhaltensweisen ist meist große Unsicherheit bis hin zur Angst auf seiten der Spielmoderation, der durch besondere Härte begegnet werden soll.

Blindes Wüten schadet dem Spielgedanken und dem Lernen überhaupt. Im Gegensatz dazu nützt es, eine `Achtsamkeitskultur´ zu entwickeln. Dazu gehört z.B. das Hinsehen, Hinhören und Wahrnehmen, das Tempo beachten und ggf. Innehalten und der Grundsatz des Respekts vor dem Anderen.

Die Dinge nicht in die Reihe bekommen

Diese Gefahr ist recht groß, gibt es doch die unterschiedlichsten Dinge zu bedenken und zu beachten, wenn Sie Spiele moderieren. Teilnehmer(-bedürfnisse) können übersehen, Stimmungen falsch eingeschätzt, Gruppen ungeschickt zusammengesetzt werden. Sie können sich in der Zeit grob verschätzen, Materialien vergessen haben oder verlegt, es ist möglich, sich bei der Spielanleitung zu verhaspeln oder sogar den Gag des Spiels zu vergessen, wie es einem von uns kürzlich passiert ist: Bei der Anleitung zu dem Spiel `Traumberuf und Lieblingsessen´ ▶ *Anleitung S. 76,* vergaß der Autor die Gruppe anzuweisen, dass eine der Angaben eine Lüge sein soll – ohne diese kleine Beigabe ist das Spiel ziemlich witzlos.

Was können Sie tun? Einige Fehler sind dadurch vermeidbar, dass Sie sich Geländer in Form von Checklisten entwickeln oder auf die in diesem Buch vorhandenen zurückgreifen ▶ *R.ichtig anfangen … Spiele in das Training einplanen, S. 53.*

Für die Anmoderation selber empfehlen wir einen Stichwortzettel oder die wesentlichen Spielregeln oder Ablaufschritte in visualisierter Form auf der Flip-Chart.

Bekommen Sie trotzdem etwas nicht auf die Reihe, so hängt es von Ihrem Geschick ab, wie Sie damit umgehen, ob Ihr Fehler ein verzeihlicher wird oder ein unverzeihlicher.

Blitzcheck Spielmoderation

- Material bereit?
- Atmosphäre aufgeschlossen?
- Zeit passend für Spiel und Auswertung?
- Raum zweckmäßig?
- Teilnehmerzahl günstig?
- Anleitung im Kopf oder visualisiert?

Vergesslichkeit – was war noch mal der Sinn des Trainings?

Eine weitere Stolperfalle: Im Rausch der Spielbegeisterung das Ziel verlieren. Erst kommt das Thema und dann die Methode – `form follows function´, heißt die Devise. Wenn Sie das Spiel als Methode zu stark werten, wenn Sie das Thema und das Ziel des Trainings dabei aus den Augen verlieren, dann fragen die Teilnehmer zu Recht, was das Ganze eigentlich soll.

Der Erfolg und die Tücke im Detail

Abschließend sei noch einmal betont: Wie bei der Zubereitung eines raffinierten Menues, liegen auch in der Spielmoderation Erfolg und Tücke im Detail und in der gekonnten Abstimmung der Komponenten.

Die kleinste Bewegung – die kleinste Menge Gewürz hat größte Wichtigkeit. Für die Zerstörung des Zaubers einer Spielsituation kann es genügen, eine Anweisung zu vergessen, den Ton nicht zu treffen oder einen Teilnehmer einmal zu verunsichern. Umgekehrt können aber auch winzige nette Gesten oder auch nur ein Funkeln in den Augen des Spielmoderators große fördernde Wirkungen haben.

Optimal läuft es, wenn der Spielmoderator nicht zum Teil des Spiels, aber zum Spieler wird – nämlich zum Spieler, jonglierend mit den Gegebenheiten: kombinierend, experimentierend, optimierend und immer in der Entwicklung – mit der Gruppe im Blick und im Gespür.

5 P.assgenau verarbeiten

> „Nun", antwortete der Pelikan bereitwillig, „man begreift es am besten, indem man es macht."
> Lewis Caroll
> Alice im Wunderland

Wie verarbeite ich passgenau ...
... Lernstoff in Spiele?

Mit erlesenen Zutaten allein ist es beim Kochen einer Mahlzeit nicht getan. Wichtig sind vor allem die Gesamtkomposition sowie die stimmige Kombination und Dosierung der Zutaten. Täglich beweisen dies die Meisterinnen und Meister in der Kunst der Resteverwertung, die unter den Kochexperten immer wieder zu finden sind. Sie stellen einfach die Überbleibsel aus dem Kühlschrank geschickt zusammen, reichern diese noch hier und da an, ein bisschen Würze und schwuppdiwupp haben sie die köstlichsten Aufläufe produziert.

Ähnlich verhält es sich mit der passgenauen Verarbeitung von Lernstoff in Spiele. Auch hier geht es darum, vorhandene Zutaten (Inhalte, Methoden) so zu kombinieren und zu verarbeiten, dass ein überraschend neues, schmackhaftes Ergebnis entsteht. Dieses wird anschließend auch lustvoll verspeist, sogar dann, wenn die Zutaten etwas trockener, weil von gestern sind.

In diesem Kapitel erfahren Sie:

- Was Passgenauigkeit bedeutet und was passgenaue Spiele bewirken
- Wie passgenaues Verarbeiten funktioniert und welche Kriterien Sie beachten sollten
- Beispiele, in welchen Schritten Sie vorgehen können

Was heißt passgenau?

Spiele sind passgenau, wenn sie

- **zum Thema passen**
  Im Spiel wird erlebt, was Gegenstand des Themas ist. Es gibt eine oder mehrere Kernaussagen, die erfahren, herausgearbeitet und anschließend in der Reflexion vertieft werden können.

- **auf Gruppe und TeilnehmerInnen abgestimmt sind**
  Die Spiele sollten zur Zielgruppe passen, denn deren Hintergrund und die aktuelle Gruppensituation spielen in die Aktivität mit hinein und bestimmen sie.

- **den Kontext berücksichtigen**
  Der Spielort, aber auch der Rahmen oder die Situation sind weitere Momente der Passgenauigkeit. Das Spiel darf in der Situation nicht aufgesetzt wirken, zu glatt oder zu gewollt.

Passgenauigkeit

- Thema
- Kernaussagen
- Zielgruppe
- Hintergrund der TN
- Gruppensituation
- Spielort
- Rahmen

Die Passgenauigkeit ist ein Ergebnis sorgfältiger Planung und Durchführung ▶ *R.ichtig anfangen ... Spiele in das Training einzuplanen, S. 41*, stimmiger Moderation ▶ *E.ngagiert handeln ... in der Spielmoderation, S. 173* und gezielter Auswertung ▶ *P.assgenau verarbeiten ... Resultate von Spielen, S. 209*.

Ist in all den Bereichen für TeilnehmerInnen und TrainerInnen eine Sinnhaftigkeit des Spiels und ein Nutzen für das Training erzeugt worden, war das Spiel passgenau.

Für ein Thema sind sicher mehrere unterschiedliche Spiele denkbar. Umgekehrt gibt es auch viele verschiedene thematische Einsatzmöglichkeiten für ein einziges Spiel. Passgenauigkeit ist also immer auch entscheidend von der feinfühligen Situationseinschätzung, dem Wissen um Spiele und deren Wirkungen und der Gruppenleitungserfahrung des Trainers geprägt. Der empathische Umgang mit Spiel, Gruppe und Thema macht die Qualität des Trainierenden aus und wird deutlich sichtbar in der Verwendung unterschiedlicher `Verfeinerungsebenen´: Nehmen wir zum Beispiel ein Seminar zum Thema Kommunikation mit Führungskräften aus verschiedenen Abteilungen einer Firma. Ein Spiel soll eingesetzt und anschließend reflektiert werden.

1. Verfeinerungsebene:
Sie knüpfen einen Zusammenhang zwischen dem Spiel und dem Thema Kommunikation.

2. Verfeinerungsebene:
Sie verbinden das Spiel mit dem Thema und stellen einen Bezug zur Zielgruppe her.

3. Verfeinerungsebene:
Sie erarbeiten über das Spiel die Parallelen zur Arbeitsrealität und Firmenkultur und ergänzen das Ganze durch entsprechendes Hintergrundwissen.

Was bewirken passgenaue Spiele?

- Sie fördern die Zufriedenheit, denn sie entsprechen Bedürfnissen, wie denen nach der Stimulierung aller Sinne und nach (Lern-)Erfolg. Durch den individuellen Zuschnitt erfahren die Gruppenmitglieder Respekt und eine sehr persönliche Ansprache. Eine harmonische Atmosphäre zwischen TeilnehmerInnen und TrainerIn wird begünstigt.

- Sie erleichtern die Informationsverarbeitung, weil verschiedene Lernkanäle angesprochen werden. Zusammenhänge zwischen Thema, Gruppe und Berufsalltag werden schnell sichtbar oder erfahrbar und bewirken, dass der Lerninhalt als relevant wahrgenommen wird ▶ *E.ffektiv informieren ... im Training, S. 59.*

- Sie ermöglichen `Erfahrungsnähe´ und `Reflexionsdistanz´. Beim `Team-Schachbrett´, z.B. ▶ *Anleitung in Z.ielgerichtet inszenieren ... durch Auswahl und Gestaltung von Materialien, S. 142,* können Gruppen symbolhafte oder direkt übertragbare Teamerfahrungen machen. Erfolg oder Scheitern sind sofort sichtbar, weil es sich aber um ein Spiel handelt, ist es anschließend möglich, aus einer schützenden Distanz zu reflektieren. Auch ist das Spielergebnis nicht das Endergebnis – es gibt eine zweite Chance im richtigen Leben.

- Sie motivieren und beflügeln, weil Spaßfaktor und Herausforderungscharakter bei gleichzeitiger Praxisrelevanz nicht zu kurz kommen. Jede Herausforderung bietet Chancen und Risiken: ist das Spiel erst begonnen, gibt es in der Regel kein Zurück. Darin liegt der Reiz.

Passgenaue Spiele

- fördern die Zufriedenheit der TN
- erleichtern ihre Infoverarbeitung
- machen Zusammenhänge erfahrbar
- erleichtern die Reflexion
- motivieren

Wie funktioniert passgenaues Verarbeiten?

Wenn Sie den Plan gefasst haben, Ihre Inhalte in eine spielerische Methode zu gießen, tun Sie gut daran, zunächst die Rahmenbedingungen zu checken und festzulegen. Verschaffen Sie sich einen Überblick

- über die Spielideen und -möglichkeiten, die Ihnen zur Verfügung stehen. Eine Hilfe sind z.B. unsere Grundmuster von Spielen ▶ *E.ffektiv informieren ... durch die Auswahl von Spielen, S. 112.*

- über Ihren Seminaraufbau. An welchen Stellen fehlt es an Lebendigkeit? Welche Themen oder Informationen kommen für eine spielerische Vermittlung in Frage?

Kriterien bei der Verarbeitung von Lernstoff in Spiele

Bevor Sie sich aber nun in die Arbeit stürzen, sollten Sie Ihren Plan anhand einiger Kriterien überprüfen. Denn, so schön es auch ist, Ihr Vorhaben wird Sie Zeit, Energie und wahrscheinlich auch Geld kosten – ein gut durchdachter Plan und ein gutes Konzept als Grundlage sind auf jeden Fall sinnvoll.

Die folgenden Fragen helfen bei der Vorarbeit:

- **Ist Ihre Idee systemidentisch?**
  Wichtig ist, dass für die Teilnehmenden Relevanz und Sinn erkennbar werden und dass die Idee geeignet ist, genau das abzubilden, worum es Ihnen geht.

Kriterien
- Systemidentität
- Achtsamkeit
- Verständlichkeit
- Angemessenheit
- Ausgewogenheit
- Wiederverwertbarkeit
- Eigene Motivation

- **Sind Respekt und Achtsamkeit gewährleistet?**
  Niemand darf beschämt, gekränkt, vorgeführt oder überfordert werden. Auch der erhobene Zeigefinger der Spielleitung, nachdem die ganze Gruppe im Spiel gescheitert ist, wirkt oberlehrerhaft und ist kontraproduktiv.

- **Sind Vorbereitungs-, Energie- und Zeitaufwand angemessen?**
  Viel Zeit und Energie in ein Produkt zu stecken, das Sie nach einmaliger Verwendung für immer in den Keller stellen, ist schade und uneffektiv. Es macht auch keinen Sinn, eine Idee weiter zu verfolgen, deren Durchführung so viel Zeit verbraucht, dass Sie deren Nutzung im Seminar nicht vertreten können. Achten Sie darauf, dass Vorhaben und Aufwand in einem Verhältnis stehen, bei dem Sie ein gutes Gefühl haben und das Sie zufrieden stimmt.

- **Stimmt die Balance? Ist die Idee ausgewogen?**
  Wie ist es mit dem Vorhaben in sich? Haben Sie genügend Fingerspitzengefühl für eine gute Mischung aus Spaß und Nachdenklichkeit gehabt? Häufen Sie nicht zu viel Ziele und Bedeutungen auf Ihre Spielidee. Damit überfrachten Sie Ihr Vorhaben. Weniger ist mehr. Einfacher und ´absichtsarmer´ bewirkt oft ein mehr an Intensität und Erkenntnis.

- **Sind Idee und Materialien wiederverwertbar?**
  Immer, wenn wir für eine Spielidee neue Materialien erstellen, bestimmt dieses Ziel unser Vorgehen: Das Material so vorbereiten, dass es für weitere Ideen, Gruppen, Anlässe wieder abgerufen, bzw. mit geringfügigen Änderungen oder Ergänzungen wiederverwertet werden kann.

- **Haben Sie Lust?**
  Wie steht es mit Ihrer Motivation? Welche Art von Spielen haben Sie denn gerne? Ein ganz wichtiges Kriterium, denn mit der passgenauen spielerischen Verarbeitung der Inhalte alleine ist es ja nicht getan. Es ist ein großer Vorteil, wenn bei der Durchführung im Seminar von Ihrer Seite motivierende Spielfreude rüberkommt, damit der Funke überspringt.

Beispiele für passgenaues Verarbeiten

Wenn Ihre Spielidee den Kriteriencheck überstanden hat, kann es richtig losgehen. Exemplarisch zeigen wir an drei Beispielen, wie die passgenaue Verarbeitung von Lerninhalten in Spiele in der Praxis aussehen kann:

Beispiel 1:
Passgenaue Verarbeitung im Fachtraining für Versicherungen

Ein Train-the-Trainer für FachtrainerInnen in der Versicherungsbranche war Anlass für dieses Beispiel einer Verarbeitung von Lernstoff in Spiele.
Die folgenden Schritte sind sinnvoll, um einen Fachinhalt in ein Spiele-Grundrezept einzupassen.

1. Thema auswählen, Lernziel definieren.
Thema: Unfallversicherung
Lernziel: Argumente für den Abschluss einzelner Leistungsarten kennenlernen.

5 P.assgenau verarbeiten ... Lernstoff in Spiele

**REZEPT
Schockmemory**

Gelbe Themen- und blaue Namenskarten (mit den Namen der anwesenden TeilnehmerInnen) werden verdeckt auf einen Tisch gelegt. Ein Teilnehmer deckt eine Themen- und eine Namenskarte auf. Die auf der Namenskarte genannte Person muss sich nun zum aufgedeckten Thema äußern. Anschließend wird das nächste Kartenpaar aufgedeckt, usw.

2. Geeignetes Grundrezept auswählen.
Hier: Kartenspiel `Schockmemory´.
Die Spielidee `Schockmemory´ lieferte die Grundlage für die Lernspielentwicklung. Sie wurde an die Anforderungen des Themas angepasst und dazu verändert und weiterentwickelt. Themen und Namen wurden zunächst durch Leistungsarten und Argumente ersetzt, in einer Variante dann die Idee mit den Namenskarten aufgegriffen und eine dritte Farbe eingeführt.

3. Spielmaterial erstellen.
Karten oder Karton in zwei (drei) verschiedenen Farben besorgen. Das Thema wurde in Leistungsarten und Argumente aufgegliedert und diese einzeln und farblich getrennt auf die Vorderseiten der Karten gedruckt. Anschließend wurden sie laminiert und zurecht geschnitten.
Variationen:
Die Rückseiten der Karten können leer bleiben oder mit Bildern beklebt werden.
Ein dritter, wiederum andersfarbiger Satz leerer Karten könnte mit den Namen der Seminarteilnehmer beschriftet werden (Die Karten können Sie immer wieder verwenden, wenn Sie sie laminieren und mit wasserlöslichen Stiften beschriften).

4. In der Veranstaltung einsetzen.
Das Kartenspiel lässt sich nun auf viele verschiedene Arten einsetzen. Vier Beispiele mögen Ihnen einen Eindruck von den unzähligen Variations-Möglichkeiten verschaffen:

Rezept 1:
Farblich voneinander getrennt liegen beide Kartensätze aufgedeckt. Aufgabe für die Gruppe ist es, den einzelnen Leistungsarten die richtigen Argumente zuzuordnen.

Rezept 2:
Dito, in Kleingruppen mit mehreren Kartensätzen, anschließend Präsentation der Ergebnisse als Rollenspiel am Kundentelefon.

Rezept 3:
Der dritte Kartensatz (Namenskarten) wird dazugenommen. Namen und Leistungsarten liegen verdeckt, die Argumente sind aufgedeckt. Gleichzeitig werden nun zwei Namen und eine Leistungsart umgedreht. Um die Wette müssen die beiden gezogen TeilnehmerInnen nun die passenden Argumente finden.

Rezept 4:
Die Rückseiten der Argumentekarten sind mit beliebigen Bildern beklebt. Die Leistungsarten sind aufgedeckt, alle anderen Karten liegen verdeckt. Ein Name und ein Bild werden gezogen. Die betreffende Person hat die Aufgabe, eine Verbindung zwischen Bild und Argument (Vorderseite) zu knüpfen, oder mit Hilfe des Bildes das Argument zu erläutern. Anschließend findet die Gruppe die dazugehörige Leistungsart.

Beispiel 2:
Passgenaue Verarbeitung im (Kritik-) Workshop zum Thema „Ein Jahr nach der Fusion – Herausforderungen und Erfolge"
Zu dieser Großveranstaltung fanden sich 200 MitarbeiterInnen (Fusionsbeauftragte aus den einzelnen Niederlassungen des Unternehmens) ein, um ihre Erfahrungen auszutauschen. Die eingesetzten Spiele sollten ein Warming Up ermöglichen und eine erste konstruktiv-kritische Auseinandersetzung mit dem Thema ermöglichen.

5 P.assgenau verarbeiten ... Lernstoff in Spiele

**REZEPT
Schuppen**

Die Spielleitung hat unterschiedliche Karten im Format von Moderationskarten vorbereitet. Jede Karte hat eine beschriebene Vorderseite und eine freie Rückseite. Auf den Vorderseiten der Karten finden sich Aussagen wie:

- Meine Erwartungen an den heutigen Tag ...
- Ein gutes Team erkenne ich an ...
- Diesen Beruf übe ich im Moment aus ...
- Das Seminarthema ist für mich ...

Auf den Rückseiten haben die TeilnehmerInnen Gelegenheit, ihre Antworten zu platzieren (Aber bitte auf dem Kopf stehend!). In einem nächsten Schritt befestigt jeder an der Oberkante der Vorderseite einen Streifen Tesakrepp und fixiert die Karte nun am Oberkörper. Dann gehen alle durcheinander und können die Antworten auf den Karten der anderen lesen, indem sie die Karten hochklappen. Die Lese- und Gesprächspartner wechseln ständig.

1. Thema auswählen, Lernziel definieren.
Thema: Kritik am Fusionsprozess
Ziel: Impressionen aus der Fusionsarbeit im vergangenen Jahr sammeln, Kritik an der Arbeit des Projektteams äußern, Kontakt untereinander aufbauen, Gesprächsbereitschaft wecken.

2. Geeignetes Grundrezept auswählen.
Die Spielidee ´Schuppen´ erschien am geeignetsten für die Umsetzung der genannten Lernziele. Durch diese heitere und leicht bewegte Aktivität hatten die Teilnehmenden Gelegenheit,

- ihre Kritik zu formulieren und auf den Punkt zu bringen,
- die Argumentation ihrer Kritikpunkte zu üben,
- unterschiedlichen Meinungen zu begegnen,
- aufeinander zuzugehen.

Für die Veranstaltung wurde z.B. als Fragestellung eingesetzt:

- Wenn ich Verantwortlicher im Projektteam wäre ...
- Die größte Schwierigkeit war für mich ...

3. Spielmaterial erstellen.
Die Karten wurden gedruckt, geschnitten und in Briefumschlägen auf den Sitzplätzen ausgelegt. Die Tesakrepp-Streifen wurden in kleinen Päckchen à fünf Streifen auf Tabletts platziert. Mit diesen Tabletts gingen die Helfer während der Veranstaltung zu den Teilnehmern. Das Schneiden und Reißen der Tesakrepp-Streifen entfiel damit.

4. In der Veranstaltung einsetzen.

Das Spiel knüpfte direkt an die Vorstandsrede an und griff als Metapher den Fusionsprozess auf, der davon lebt, aufeinander zuzugehen, zu handeln, sich mitzuteilen und im ständigen Austausch mit den neuen und alten Kollegen und Kolleginnen zu stehen ▶ *R.ichtig anfangen ... Spiele in das Training einzuplanen, S. 48*. Die zuvor ausgeteilten Faserschreiber und Briefumschläge ermöglichen ein rasches Schreiben und die anschließend von den Helfern gereichten Tesakrepp-Streifen verhalfen zu einem raschen Start. Am Ende der Aktionsphase (lesen und diskutieren) wurden die Karten nach Farben sortiert eingesammelt und an den Wänden des Foyers befestigt.

Den Moderatoren der einzelnen Auswertungs-Workshops dienten sie in der Pause als erste Information über die auf sie zukommende Art der Kritik und die Form der Äußerung. Nach der Veranstaltung wurden die Karten eingesammelt, dokumentiert und themenbezogen ausgewertet.

Beispiel 3:
Passgenaue Verarbeitung beim Kick-Off-Workshop eines Verkehrsverbundes

Bei diesem zweitägigen Workshop mit 60 TeilnehmerInnen wurden Themen für die bevorstehende Personalentwicklung gesammelt und Problembereiche in der internen Kommunikation definiert.

1. Thema auswählen, Lernziel definieren.
Thema: Einblicke in die Arbeit im Training
Ziel: Den Teilnehmern einen Einblick in das Arbeiten im Training geben, Teamarbeit üben, Kommunikation gezielt beobachten, Spaß haben, ein motivierendes Ende finden.

2. Geeignetes Grundrezept auswählen.

Die Spielidee `Spieleforum´ greift die Lernziele auf. Das variable Grundkonzept konnte gut auf die große Gruppe angepasst werden. Lern- und Motivationsaspekte wurden gleichermaßen berücksichtigt.

Die Einzelaufgaben für die Teams konnten mit unterschiedlichem Schwierigkeitsgrad versehen werden, wodurch eine Steuerung des Gesamttempos, sowie der Frust- und Erfolgserlebnisse in den Teams möglich wurde.

3. Spielmaterial erstellen.

Sobald die geeigneten Spielmaterialien für die ca. 10 Einzelaufgaben vorliegen, ist die Vorbereitung einfach. Mit der Erstausstattung sind Sie jedoch möglicherweise eine Weile beschäftigt. Dafür können Sie die Materialien aber auch immer wieder einsetzen. Geeignet sind alle Gedulds-, Denk- und Knobelspiele, die leicht zu erklären und in ca. 5-10 Minuten zu lösen sind. Jede Gruppe erhält ein Set mit passendem Material. Wichtig ist es, eine schriftliche Spielanleitung mitzugeben, da die Spielleitung die Spiele nicht in den Teams erklären kann. Spieletipps hierzu finden Sie in der Tabelle `Pausenspiele´ ▶ *E.ffektiv informieren ... in unterschiedlichen Seminarphasen, S. 79.*

REZEPT
Spieleforum

Im Raum verteilt bilden Kleingruppen mit 3 - 8 TN jeweils ein Spielteam. Zentral ist die Spielleitung an einem Tisch platziert. Hinter ihr befinden sich auf einem weiteren Tisch Spielmaterialien für Denk-, Geschicklichkeits- und Knobel-Aufgaben.

Einzeln treten nun Abgesandte der Teams an die Spielleitung heran und erhalten je eine Aufgabe, die es in der Gruppe zu lösen gilt.

Nach Beendigung der Aufgabe wird die Lösung der Spielleitung präsentiert und eine neue Aufgabe in Empfang genommen. Die Ergebnisse werden visualisiert. Je nach Aufgabenstellung kann das Ganze auch als Wettbewerb ausgerichtet werden.

4. In der Veranstaltung einsetzen.
Um eine „Trainingsnähe" herzustellen, wurden die Teams jeweils halbiert. Die eine Hälfte der Gruppe knobelte, die andere arbeitete als BeobachterInnen. Es galt das Gruppengeschehen auf dem Hintergrund von Kommunikation und Teamverhalten zu beobachten und die gesammelten Erkenntnisse direkt auf einer Pinwand zu notieren. Nach jeder Spielaufgabe wechselten BeobachterInnen und SpielerInnen.

Die Aussagen der Beobachtenden wurden anschließend gruppenintern ausgewertet und als Essenz der Gesamtgruppe präsentiert. Eine Verknüpfung und Parallelität zum Arbeiten im Training konnte dadurch aufgezeigt und vom Trainer herausgearbeitet werden.

5 P.assgenau verarbeiten

> „Es ist lächerlich, in jedem Tun, in jedem Ding, in jedem Gegenüber einen Nutzen zu suchen."
> Reinhold Messner

Wie verarbeite ich passgenau ...
... Resultate von Spielen?

Entbeinmesser, Knoblauchpresse, Hummerzange, Entsteiner, Nudelholz, Spaghettigabel, Durchseiher, Quirl – jeder Vorgang und jede Zutat benötigt ein eigenes Utensil, um sie passgenau zu verarbeiten. Ist dieses Werkzeug nicht vorhanden, müht sich die Köchin oder der Koch ab, um das gewünschte Ergebnis zu erzielen. Aber nicht nur passen müssen die Werkzeuge, sondern auch funktionieren, geschliffen sein oder geölt, damit sie punktgenau eingesetzt werden können.

Das passende Handwerkszeug für die spielenden Trainer ist das gezielte Auswertungsszenario. Es verhilft der Gruppe, das soeben Erlebte angemessen zu reflektieren und in den Gesamtkontext der Bildungsveranstaltung zu integrieren.

In diesem Kapitel erfahren Sie:

- Warum es wichtig ist, den Spielenden Raum für emotionale Äußerungen zu geben
- Welche unterschiedlichen Auswertungsebenen bedeutsam sind
- Mit welchen Vorgehensweisen Sie Spiele und Übungen auswerten können

Ihr Trainingsspiel ist gelaufen und Sie stehen einer Gruppe gegenüber, die Ihnen vertraut, engagiert gearbeitet, ein Ergebnis produziert und evtl. sogar kritische Situationen durchstanden hat. Auch wenn sich der Sinn des Spiels den Teilnehmern schon erschlossen hat, ist es Ihre Aufgabe, die Aktivität nun angemessen auszuwerten und die Kernbotschaften wieder in den Kontext des Seminars zu stellen.

Die emotionale Entlastung der TeilnehmerInnen

Die im Training eingesetzten Spiele können sehr unterschiedlich sein. Die Bandbreite führt vom einfachen Auflockerungsspiel über komplexe Problemlösungsaufgaben bis zu Abenteuerspielen, die die Teilnehmenden in Grenzsituationen bringen. Jede Spielsituation beansprucht die Spielenden geistig, körperlich und emotional. Je nach Aufgabenstellung und Verlauf zeigen die TeilnehmerInnen Anzeichen von Anspannung, Freude, Angst oder Stress.

Diese Gefühle beeinflussen die Situation über ein definiertes Spielende hinaus und bestimmen, wenn ihnen nicht Raum gegeben wird, die Auswertungssituation nachhaltig. Wenn wir als TrainerInnen sofort sachbezogene Auswertungsfragen stellen, `gärt´ das Unausgesprochene weiter.

Unsere wohlformulierten Auswertungsschritte können wir vergessen, wenn die emotionale Entlastung nicht stattgefunden hat.

Die emotionale Entlastung ist daher der erste Auswertungsschritt nach jeder spielerischen Aktivität: Den Teilnehmenden wird Gelegenheit gegeben das zu tun, was im Volksmund als `Dampf ablassen´, `sich Luft machen´ oder `sich auskotzen´ bezeichnet wird. Das, was bislang nur als Gefühl vorhanden ist, wird in Worte gekleidet und ist damit ein erster Schritt zur Verarbeitung der Erfahrungen.

Emotionale Entlastung: Den Teilnehmenden wird Gelegenheit gegeben, nach der Spielsituation Dampf abzulassen.

Methodisch ist die emotionale Entlastung kein großer Verfahrensschritt, sondern vielmehr die Aufmerksamkeit des Trainers für das, was in der Situation dran ist:

Bei vielen Spielen ist es ausreichend, nichts zu tun, einen Moment verstreichen zu lassen, Teilnehmergespräche untereinander kurz zuzulassen und sich wieder hinzusetzen.

Sind schon im Spiel deutliche Reaktionen sichtbar geworden, sprechen wir die Teilnehmenden noch auf der Spielfläche an und bitten Sie, einen ersten Eindruck zu schildern:

„Wie ist es Ihnen ergangen?"

„Bravo, Sie haben es geschafft! Wie geht es Ihnen jetzt?"

„Das wirkte von aussen anstrengend – War es das auch?"

„Wie war Ihnen zumute?"

„Beschreiben Sie bitte Ihren ersten Eindruck!"

Ortswechsel: Für die gezielte Auswertung wird der Spielort zurückgelassen. Reflektiert wird aus der Metaposition.

Daran knüpft sich ein Ortswechsel an. Für die gezielte Auswertung wird der Spielort verlassen und damit auch zurückgelassen. Der Ortswechsel deutet das an, was in der Auswertung Sache ist: aus einer distanzierten Position reflektieren (Metaposition). Eine Ausnahme machen wir beim Rollenspiel, wenn die Darsteller noch einmal aus ihren Rollen heraus kommentieren sollen.

Wir Trainer wechseln ebenfalls unseren Standort, wenn wir selber in den Prozess integriert waren. Ist ein Ortswechsel der gesamten Gruppe aus Gründen der räumlichen Gegebenheiten nicht möglich, sorgen wir für einen Perspektivwechsel:
Alle suchen sich einen neuen Stuhl oder wir verändern einfach die Raumperspektive durch Umstellen der Pinwände.

Die Auswertungsebenen

Gegenstand der Auswertung können die drei Ebenen Sache, Person und Gruppe sein, ergänzt durch mögliche relevante Umwelten:

Jedem Spiel liegt eine **Sache** zu Grunde: Es gibt eine deutlich sichtbare Handlung, eine Vorgehensweise, einen Prozess mit einzelnen Phasen, Variationen und Entscheidungen, die letztendlich zu einer Lösung oder einem Ergebnis geführt haben.

Auswertungsebenen

- Sache
- Person
- Gruppe
- (relevante Umwelt)

Die Spielenden waren als **Personen** aktiv und hatten dementsprechend Gefühle, Gedanken, Handlungen. Es gab ein äußeres Spiel, in dem sie für die Gruppe sichtbar agiert haben und ein inneres, in dem sie sich selber ausprobiert, hinterfragt, bezweifelt oder getraut haben.

Die Handlung fand in der **Gruppe** statt. Jedes einzelne Vorgehen war stets gekoppelt an Aktionen und Reaktionen der anderen Gruppenmitglieder. Auswertbar ist in diesem Bereich das ganze Spektrum der Gruppendynamik und der Kommunikation/Interaktion.

Wenn **relevante Umwelten** vorhanden sind, sollten diese ebenfalls einbezogen werden: Externe Störungen, Leitungsinterventionen, Aspekte der Unternehmenskultur oder konkrete Anlässe aus dem Firmenalltag.

Auswertungsrezepte für Spiele

Jede Auswertung hat natürlich einen eigenen Schwerpunkt, in Abhängigkeit von der zuvor angenommenen Zielsetzung. Nach der emotionalen Entlastung werden Sie also das Vorgehen wählen, das Ihre Gruppe der Kernaussage oder dem Schlüsselerlebnis am nächsten bringt.

Die folgenden Auswertungsszenarien geben einen Eindruck, `wie man's machen kann´. Sie stellen Geländer dar, die uns und den TeilnehmerInnen eine Unterstützung für eine zielgerichtete Auswertung bieten.

Rezept 1: Schriftliche Auswertung

Dieses Auswertungsraster für das Problemlösungsspiel `Das Schachbrett` ▶ *Z.ielgerichtet inszenieren ... durch Auswahl und Gestaltung von Materialien, S. 142* wird an mehreren Pinwänden vorbereitet und von Kleingruppen ausgefüllt und anschließend präsentiert. Die schriftliche Form mit Moderationskarten verlangt von den Teilnehmenden das genaue Durchdenken ihrer Äußerungen und bildet die Grundlage für eine weitere detaillierte Bearbeitung.

Spannend ist die Präsentation der unterschiedlichen Kleingruppenergebnisse. Zudem wird die Dokumentation erleichtert.

	fördernde Momente	behindernde Momente
Phase 1 Auftragsklärung		
Phase 2 Strategiebildung		
Phase 3 Durchführung I		
Phase 4 Fehleranalyse		
Phase 5 Durchführung II		

Rezept 2: Auswertung mit Metapher

Hans Georg Renner arbeitet mit diesen Fragen bei der Auswertung von Outdoor-Übungen. Die von ihm benutzte Metapher WEG & ZIEL schafft eine stimmige Verknüpfung zwischen der prozessorientierten Arbeit im Training und der Zielerreichung im Arbeitsalltag. Eine solche Verbindung fördert die Akzeptanz der Spielsituation. Die so in der Auswertung herausgearbeiteten Parallelen zur Alltagssituation machen meistens rasch deutlich, dass zwischen dem Spiel und der Arbeit kaum Unterschiede bestehen, da die Spielenden ihre Verhaltensmuster im Training nicht ablegen, sondern höchstens variieren.

W iederholung   • Was ist geschehen?
E rinnerung   • Was lief gut / weniger gut?
G efühle   • Welche Gefühle waren da & wie war ihr Einfluss?

&

Z usammenfassung   • Was lernen Sie daraus?
I nhaltsparallele   • Sehen Sie eine Verbindung zum Alltag?
E insicht   • Was werden Sie definitiv tun / ändern?
L ernschritt   • Neues Verhalten in der nächsten Aufgabe ausprobieren

Konkrete Fragen können sein:
- Was hat Sie irritiert?
- Was glauben die Kleingruppen voneinander?
- Waren alle am Lösungsprozess beteiligt?
- Wie wurde mit Stresssituationen umgegangen?
- Wurden beim Misslingen Sündenböcke gesucht (z.B. Trainer)?
- Wer leitet die Gruppe?
- Wann stellen Sie im Alltag Denkgewohnheiten in Frage?

Rezept 3: Raster von Auswertungsfragen

Wolfgang Rathert empfiehlt dieses Vorgehen für seine Simulationen mit den Schwerpunkten Kommunikation und Betriebswirtschaft. Durch die Leitfragen unter `Szenarien´ und `Was nun?´ regt er die Spieler zudem zu einem Positionswechsel in der Reflexionsarbeit an.

Wichtig ist bei allen verbalen oder moderierten Vorgehensweisen die Trennschärfe zwischen den einzelnen Fragestellungen oder Oberpunkten. Die Teilnehmenden neigen dazu, zwischen den Auswertungsebenen zu springen, was eine ständige Aufmerksamkeit des Trainers für den Gesprächsverlauf bedeutet. Die Visualisierung der zentralen Fragen ist hilfreich für Gruppe und TrainerIn.

- **Wie fühlen Sie sich?**
  Machen Sie den inneren Dialog deutlich. Dadurch erleichtern Sie auch die Konzentration auf andere Themen und Aspekte.

- **Was ist passiert?**
  Sammeln Sie die unterschiedlichen Wahrnehmungen, Erlebnisse und angewendete Strategien der Teilnehmenden.

- **Was haben Sie gelernt?**
  Strukturieren Sie diese Frage gegebenenfalls, indem Sie konkrete Aspekte Ihres Themas explizit ansprechen. Fragen Sie nach Hypothesen, die das Verhalten oder bestimmte Aspekte davon erklären, oder bieten Sie als Diskussionsgrundlage selber welche an.

- **Wie ist der Bezug zum Thema?**
  Lassen Sie die Teilnehmenden die Verbindung von der metaphorischen Bedeutung des Spiels in die Praxis herstellen. Fragen Sie nach ähnlichen Situationen aus dem Alltag der Teilnehmenden. Strukturieren Sie diese Frage gegebenenfalls, indem Sie konkrete Aspekte Ihres Themas deutlich ansprechen.

- **Szenarien**
  Was würde sich ändern, wenn bestimmte Rahmenbedingungen anders aussähen? Was hätte noch alles geschehen können? Steuern Sie diesen Auswertungsschritt gegebenenfalls, indem Sie selber konkrete Szenerien zur Sprache bringen.

- **Was nun?**
  Was würden die Teilnehmenden in einem weiteren Durchlauf anders machen? Wie würden sie sich in einer vergleichbaren Situation in der Praxis anders verhalten als bisher?

**Rezept 4: Gezielte Kurzauswertung
mit WOSE-Schaufenster**
Carmen Thomas setzt ein ähnlich gestaltetes Auswertungsfenster zur Reflexion von Übungen und Prozessen ein. Kurz und prägnant wird die Gruppe durch die vier Schlagworte zur Auseinandersetzung mit den unterschiedlichen Facetten einer Situation angeregt.

Diese Auswertungsform verlangt von den Teilnehmenden eine ausgewogene Betrachtung der positiven und negativen Aspekte des Erlebten. Am Schluss findet sich der Aspekt `erfreulich´, auch deshalb, weil in der Reflexion die negativen Gesichtspunkte oft vordergründig erscheinen und als letztes in der Erinnerung haften bleiben.

W ichtig	**O** ffen
S törend	**E** rfreulich

6 T.reffend fortsetzen

> „Schrecken ist genug verbreitet,
> Hilfe sei jetzt eingeleitet."
> Johann Wolfgang von Goethe

Wie setze ich treffend fort ...
... mit stimmigen Transfer-Methoden?

Der stimmige Transfer war bisher nur eine kleine Imbissbude in der kulinarischen Bildungslandschaft. Gelegentlich schaute hier mal ein Personalentwickler oder eine Trainerin vorbei, um sich ein schnelles Essen einzuverleiben. Der Zeitdruck ließ sie rasch weitereilen, zudem gab es keine Sitzgelegenheiten zum Verweilen und ebensowenig eine erlesene Auswahl von Speisen.
Jeder der sich hier einfand, weil er die Begegnung mit der Praxis ins Seminar holen wollte, bekam das Einheitsgericht Frühlingsrolle: Rollenspiele, frühlingshaft leicht präsentiert, fleischlos, standardisiert und einfach nur in die Friteuse geworfen ...
Wie die Frühlingsrolle wurde auch das Training als in sich abgeschlossenes Gebilde begriffen: Alles war kompakt gewickelt, den Happen galt es zu schlucken und anschließend wendete man sich wieder anderen Dingen zu.

In diesem Kapitel geben wir Ihnen Anregungen:

- Wie Sie den Transfer verstehen und nutzen können
- Warum es Sinn macht, den Transfer im Training ständig präsent zu halten
- Wie der Transfergedanke mit spielerisch aktiven Methoden im Training verankert werden kann

Der Transfer ist in Bewegung gekommen

Der Transfer ist in Bewegung gekommen und längst wird in der Personalentwicklung nicht mehr alles so gegessen, wie es auf den Tisch kommt. Es wird systematischer und nutzenorientierter geplant und gearbeitet. Die Zeichen stehen auf grün hin zu einer ganzheitlichen Auffassung von Training und Berufspraxis.

So stellen wir uns den Idealfall vor:
Das Training steht nicht mehr als eine isolierte Einzelmaßnahme da, sondern wird von einer Reihe verschiedenartiger Maßnahmen ergänzt und unterstützt.

TrainerInnen werden mehr und mehr zu Monteuren, die das Produkt Transfer schon vor Ort installieren und warten, oder weitere Monteure als Multiplikatoren ausbilden, die diese Arbeiten anschließend intern durchführen.

Lernziele werden im Bemühen um mehr Verbindlichkeit und Praxisrelevanz schon im Vorfeld der Maßnahme bestimmt. Im Seminar selbst werden sie beschrieben, konkretisiert und fest verabredet.

Ein sinnvolles Vorgehen ist:

- Lernziele und -schritte werden klar definiert,
- Zielvereinbarungen mit den Vorgesetzten, Trainern und individuell (mit `sich selbst´) werden getroffen,
- für die Praxis werden individuelle Vorgehensweisen und überprüfbare Ziele beschlossen,
- im Training ist der Transfer von Beginn an fortlaufend präsent.

Die Teilnehmer einer Maßnahme werden wieder zu Schülern. Schüler sind für uns Lernende, die über einen längeren Zeitraum begleitet werden und in einem engen Dialog und Beziehungsverhältnis zu ihren Lehrern stehen. Vorbild dafür ist der Begriff des Schülers, wie er in der jüdischen Tradition verstanden wird.

Der Trainer kann in den Fußstapfen der Rabbiner den im Seminar begonnenen Transfer in die berufliche Situation begleiten und kontinuierlich unterstützen.

Ein antikes REZEPT

Talmid (= Schüler) ist ein Ehrenwort in der jüdischen Tradition. Talmid zu sein und den Talmud (= das heiligste Buch) zu studieren, kommt einer Einladung zu höchsten Ehren gleich. Die lehrenden Rabbiner haben ihre Schüler nicht in trockenen Lehreinheiten stundenlang unterrichtet, sondern sie verstanden sich als `Lebensgenossen´, die im gegenseitigen Respekt zusammen arbeiteten und lebten.

Was ist Transferarbeit?

Transferarbeit

- ist die Überlegung, wie die theoretisch im Training gewonnenen Erkenntnisse in die Praxis integriert werden können.

- beinhaltet alle Methoden und Vorgehensweisen, die dieses Vorhaben unterstützen.

- ist Organisationsentwicklung, denn TrainerIn und zu Trainierende stellen sich gemeinsam die Frage: Wie können die hier gemachten Erfahrungen dazu beitragen, die Organisationsrealitäten in den Griff zu bekommen und den Weg dahin zu erleichtern.

- ist eine ganzheitliche Erfahrung, bei der die individuelle Person mit ihren Kernkompetenzen und den unterschiedlichen Aspekten ihrer Persönlichkeit im Vordergund stehen.

- ist eine Simulation, ein spielerischer Vorgang mit einem ständigen Wechsel zwischen vorwärts- und rückwärtsspielen: ausprobieren, reflektieren, planen und erneut ausprobieren.

Das im Training geschürte Feuer muss noch brennen und das Essen noch warm sein, wenn es auf den Tisch kommt.

Transfer erinnert an das Pizzataxi, das die Mahlzeit transportiert: Wird zuviel Zeit verloren zwischen Zubereitung der Pizza und Transport, verliert das Gericht an Hitze, Geschmack und Gehalt. Transferarbeit braucht Zeitnähe und Konsequenz: kontinuierlich muss eingeübt, verankert und motiviert werden.

Wie lässt sich der Transfer gestalten?

Im Training haben die TeilnehmerInnen Gelegenheit darüber nachzudenken, wo genau sie nach der Fortbildungsmaßnahme aktiv werden. Das erlernte Wissen oder die erlernten Kompetenzen sind die eine, der günstigste Zeitpunkt hierfür die andere Seite der Medaille:

- Wann, wie und wo genau gilt es, den Veränderungshebel anzusetzen?
- Was genau will ich bewirken oder erreichen?
- Welches sind meine ersten Schritte?
- Welche Einwände oder Widerstände werden mir in der Praxis begegnen?
- Wie werden sich die Personen im Umfeld verhalten?

Die Methode `Spiel´ kann diesen Prozess hervorragend begleiten. Im Spiel kann eingeübt, ausprobiert, verankert und motiviert werden. Die spielerischen Transfermethoden geben den TeilnehmerInnen Gelegenheit, ihr neues Verhalten zu testen, wertvolle Rückmeldungen zu erhalten, im geschützten Rahmen mutig zu sein und dadurch einen selbstbewussteren Auftritt in der Praxis vorzubereiten.

Transfermethoden teilen wir in drei Untergruppen:

- Vertiefende Rituale, Metaphern und Anker
- Unterstützen und begleiten – auch über das Seminar hinaus
- Persönliche Erkenntnisse, Vorhaben und Ziele benennen und planen

Transfermethoden

- Anker, Metaphern, Rituale
- Unterstützungsleistungen wie Lernpartnerschaften, Mini-Coaches, Rollenspiele
- Fixieren und Verbalisieren von Erkenntnissen

Vertiefende Anker, Metaphern und Rituale

Anker: Neue Erkenntnis wird durch einen Reiz verankert.

Das im Seminar oder Training gewonnene `Neue´ (persönliche Erkenntnis, Wissen, soziale Kompetenz) soll durch einen Reiz verankert und dadurch erinnerbar und wiederholbar sein. Dieses Reiz-Reaktionsschema ist vor allen Dingen durch NLP (Neurolinguistisches Programmieren) zu neuen Ehren gekommen und wird dort gezielt eingesetzt, um (positive) Gefühlszustände in bestimmten Situationen abrufbar zu machen.

Der Seminarteilnehmer erhält diesen Anker oder gestaltet ihn selber, nimmt ihn mit in seine Alltagsrealität und `platziert´ ihn an einer für ihn bedeutsamen Stelle.

Metapher: (Bild, Geschichte, Gegenstand) liefert eine zusätzliche sinnliche Erfahrung.

Damit dieser Vorgang nicht allein logisch-rational wirkt, kann er durch eine Metapher (Bild, Geschichte, Gegenstand) ergänzt werden. Die Metapher liefert eine zusätzliche sinnliche Erfahrung und sollte in ihrer Kernaussage und Struktur kongruent mit dem gewählten Vorhaben sein.

Ritual: Handlung, in der Anker und Metaphern eingeführt werden.

Das Ritual ist dann die Handlung, in der Anker und Metaphern eingeführt und vorgestellt werden. Das Ritual allein kann jedoch auch als symbolische Handlung eine eigene Bedeutung besitzen.

Spielerisch-kreative Anker können beispielsweise sein:

- Seminarpost hinterher
  Die TeilnehmerInnen erhalten einige Zeit nach dem Seminar Post zur Erinnerung. Möglich sind hier z.B. eine Postkarte des Tagungshauses, eine (Foto-) Dokumentation, ein im Seminar formulierter Maßnahmenplan, das schriftlich fixierte Feedback anderer TeilnehmerInnen, während des Seminars entstandene Arbeitsergebnisse, Erkenntnisse oder ein symbolischer Gegenstand. Absender der Seminarpost könnte ein Gruppenmitglied, der Trainer oder der Teilnehmer selbst sein.

Anregende Metaphern können z.B. sein:

- Fluss – Veränderungsprozesse (verdeutlicht durch Bilder, kleine Schiffe, Kieselsteine, Wasserproben o.ä.)

- Seil – sich Aufgaben stellen, an einem Strang ziehen, verknüpfen (umgesetzt durch Seil oder Fadenstücke, Seemannsknoten, Seilhaken o.ä.)

- Baustelle – anpacken, weiterbauen, gestalten, Ergebnisorientierung (verkörpert durch Bauarbeiterhelme, Absperrband, Baustellenschilder o.ä.)

Metaphorische Köstlichkeiten

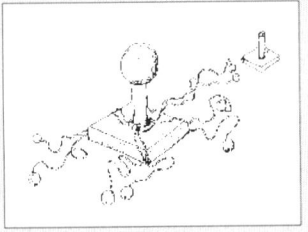

(Abb. String Ball)

Flussüberquerung

Aufgabe ist es, gemeinsam einen imaginären `Fluss` zu überqueren. Als Hilfsmittel stehen Fliesen oder Holzstücke als `Steine` zur Verfügung. Berührt eine Person das Wasser, muss die ganze Gruppe zum Ufer zurück und beginnt von vorn. Jeder `Stein`, der von niemandem berührt wird, wird von der Spielleitung entfernt. Nur wenn die ganze Gruppe das gegenüber liegende Ufer erreicht, ist auch das Spielziel erreicht.

Auch Spiele können metaphorischen Charakter haben:

Beim Kooperationsspiel **„String Ball"** ▶ *Rainbow Training Equipment, S. 145*, kann das Ziel nur durch ein feinfühliges Führen und Loslassen erreicht werden.

Die TeilnehmerInnen müssen bei der **„Flussüberquerung"** die vorhandenen knappen Ressourcen geschickt und systematisch einsetzen.

Das Brettspiel **„Bamboleo"** ▶ *S. 79* veranschaulicht den labilen Zustand eines Systems, in dem nur bestimmte kleine Veränderungen zum Erfolg führen.

In Transfer-Ritualen werden Vorhaben präsentiert und durch die Gruppe in ihrer Bedeutung gestärkt:

- „Mein wertvolles Geschenk" ist eine Handlung, bei der sich die Teilnehmer untereinander Feedback in Form einer Notiz oder einer Zeichnung geben. Beim gemeinsamen Spaziergang werden die `Geschenke` ausgetauscht.

- Beim „Schulterklopfen" stehen alle im Kreis und nennen der Reihe nach ein Vorhaben, das dann jeweils durch ein ermutigendes Schulterklopfen unterstrichen wird.

- Auf „Memo-Knubbelchen" werden Vorhaben notiert, präsentiert, zusammengeknubbelt und an einem zentralen Ort platziert (z.B. Hosentasche, Handtasche, Sakko).

Unterstützen und begleiten – auch über das Seminar hinaus

Der Seminarteilnehmer verlässt die Veranstaltung i.d.R. alleine (Ausnahme: teamorientierte Maßnahmen). Sein weiteres Wirken oder die Umsetzung seiner Vorhaben wird meist nicht begleitet. Er hat keine Gelegenheit, konkrete Rückmeldungen zu erhalten von einer Person, die seine „Sprache" spricht, d.h. genau weiß, was im Training das Thema war und alle Übungen und theoretischen Vorüberlegungen auch mitbekommen hat.

Auch hier können wir als TrainerInnen entgegen wirken und schon in der Veranstaltung mit den Teilnehmenden ein Vorgehen und realisierbare Unterstützungsleistungen planen.

Möglich sind beispielsweise:

- „Lernpartnerschaften", zu denen die Partner schon zu Trainingsbeginn eingeteilt werden. Zum Abschluss eines jeweils halbtägigen Blocks kommen die Partner zusammen, um Erkenntnisse zu reflektieren. Bei Follow-Up-Maßnahmen treffen sich diese Paare zwischenzeitlich mit konkreten Aufgabenstellungen.

- Zum Seminarende werden „Mini-Coaches" eingeteilt, die zusammen ein Coaching-Geländer entwickeln und sich in möglichst regelmäßigen Abständen treffen sollen. Die erste „Coaching-Sitzung" findet noch im Training statt.

- Der „Einwand-Standpunkt" ist ein Rollenspiel, in dem die Teilnehmer sich zwischen den drei im Raum markierten Positionen `Idee-Praxis-Einwand´ bewegen und gegen mögliche Einwände argumentieren.

REZEPT für ein Rollenspiel

Einwand-Standpunkt

Die Spielleitung hat drei Plakate vorbereitet, die auf dem Boden im Dreieck ausliegen:
In die Ideen-Position begibt sich ein Teilnehmer und nennt die Umsetzungsideen und -schritte, die er sich als Ergebnis des Seminars vornimmt.
Dann begibt er sich in die Praxis-Position und beschreibt seine Rückkehr in die Praxis, die Menschen, Situationen und Veränderungen, die ihm dort begegnen.
Aus der Einwand-Position heraus formuliert er Fragen und Widerstände, die ihm begegnen könnten. Sodann beginnt ein Wechselspiel zwischen den einzelnen Positionen, wobei die Plakate auch mit anderen TN besetzt werden können.

Persönliche Erkenntnisse, Vorhaben und Ziele benennen und planen

Mehr Gewicht bekommen die im Training gemachten Erfahrungen, wenn sie auch als Erkenntnisse formuliert werden. Das, was zuvor als Erfahrung „im Raum schwebte", wird auf den Punkt gebracht und festgehalten. Die Gedanken ordnen sich mit der Auswahl der Worte. So kommt Verbindlichkeit in die Sache. Eine schriftlich fixierte Erkenntnis bleibt erhalten und begegnet einem wieder. Man kann sich ihr nicht so leicht entziehen wie einem einfachen Gedanken.

Eine weitere Qualität ist das Thematisieren vor Anderen. Damit wird ein Standpunkt bezogen. Der Lernende positioniert sich, veröffentlicht seine Gedanken und kann durch die Äußerung vor der Gruppe schon erste Rückmeldungen einsammeln. Die Erfahrung wird verbindlicher in dem Moment, wo sie vor Anderen ausgesprochen wird.

Das Fixieren und Verbalisieren von Erkenntnissen lässt sich natürlich auch in spielerisch-kreative Aktivitäten fassen:

- Im „Schatzkistlein", einem real anwesenden (hölzernen) Kästlein oder einer entsprechenden Blechdose, werden auf runden Moderationskarten (Perlen) die Erkenntnisse notiert, die als Schätze bewahrt werden sollen. Im „Papierkorb" verschwinden hingegen überflüssige Verhaltensweisen. Dieser Erkenntnisprozess wird in Einzelarbeit eingeleitet und dann vor der Gruppe präsentiert ▶ *Simmerl, S. 145.*

- Beim „Koffer packen" gibt es einen mit Gegenständen (aus Küche, Seminarraum, Kinderzimmer) gefüllten Tisch, auf dem noch zusätzlich ein (kleiner) Werkzeugkoffer steht. Die Gruppe steht um den Tisch herum und nach einer beliebigen Reihenfolge ergreifen die Teilnehmer diejenigen Gegenstände, die sie als hier gefundenes Werkzeug für ihre künftige Arbeit ansehen. Kommentiert werden die symbolischen Gegenstände in den Koffer gelegt.

- Der „Erkenntnisbaum" ist ein Plakat, auf das Lernerfolge oder Erkenntnisse auf Blättern fixiert werden. Im Training ist die Präsentation und das gemeinsame Wachsen wichtig, am Trainingsende kann dieser Baum dann `individualisiert´, d.h. aufgelöst und den Teilnehmern mitgegeben werden.

- Parallel zum Seminargeschehen entwickelt sich die „Lern-Ziel-Skala", in der die Teilnehmenden zu Beginn ihre definierten Lernziele notiert haben und fortlaufend den aktuellen Stand eintragen. TrainerIn und Teilnehmende haben einen offenen Einblick in den Erkenntnisstand. Für den Trainer zudem eine gute Möglichkeit, persönliche Entwicklungen „im Blick" zu halten.

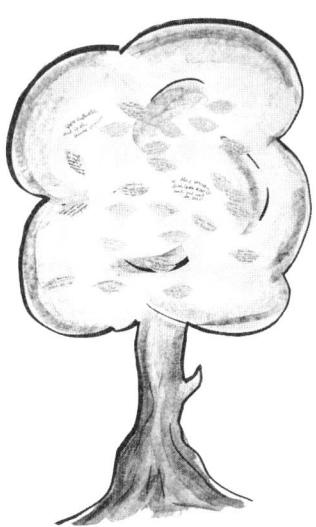

**Beispiel einer „Lern-Ziel-Skala"
aus dem Rhetoriktraining:**

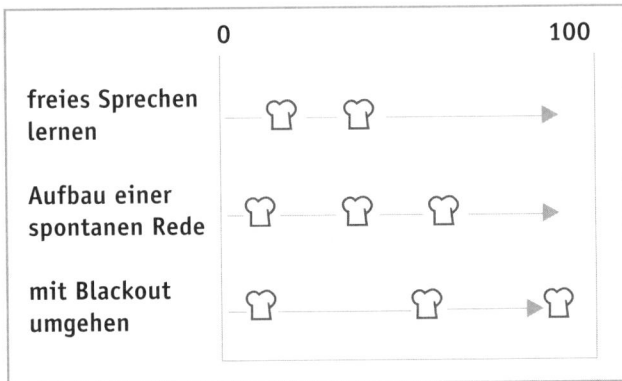

Zum Abschluss eignet sich ein „Maßnahmenplan",
mit dem ein konkret definiertes Ziel und eine
entsprechende Vorgehensweise vereinbart werden
kann:

- Was will ich erreichen?
- Bis wann will ich es erreichen?
- Wen muss ich daran beteiligen?
- Was könnte mich evtl. hindern?
- Wie kann ich mit diesen Behinderungen umgehen?
- u.ä.

Transfer braucht Zeit und Raum

Transfermethodik ist kein Fast Food sondern ein Menue: Es lebt von den Speisen, aber auch von der gut abgestimmten Reihenfolge, dem richtigen Wein dazu und der Zeit, die einzelnen Gänge in Ruhe zu sich zu nehmen, mit angemessenen Verdauungspausen zwischendurch ...

Das macht die Hauptschwierigkeit der Transferleistung im Tagungsgeschehen aus. Im zeitlich knapp bemessenen Training muss alles rasch auf den Punkt kommen. Entsprechend voll sind Trainingsmaßnahmen, denn – ganz unabhängig vom Nutzen – werden von den Firmen oft nur die Kosten gesehen:

Abwesenheit vom Arbeitsplatz, Vor- und evtl. Nacharbeit, Honorare und Unterkunft. Und unter den Gesichtspunkten geht es oft darum, ein Training möglichst kurz anzusetzen und in diesen Zeitraum viel hineinzustecken.

Hinzu kommt des öfteren ein Mangel im `Willen der Organisation´. Wirkliche Veränderungen scheinen nicht gewollt zu sein, entsprechend wenig werden sie thematisiert. Schon im Akquisegespräch spielt dann die Transfer-Frage (mit all ihren Konsequenzen) eine geringe Rolle.

Störend ist ebenfalls ein mehr und mehr um sich greifendes Phänomen: Die Echtzeittyrannei. Ergebnisorientiert und durchstrukturiert entfremden wir uns mehr und mehr von den Prozessen. Die Frage nach dem Seminarerfolg ist die Frage nach dem Ergebnis. Der Prozess und die einzelnen Schritte dorthin werden unterschätzt und sind untergeordnet.

Hauptschwierigkeit der Transferleistung: Im zeitlich knapp bemessenen Training muss alles rasch auf den Punkt kommen.

 Transfer braucht den deutlichen Willen zum Prozess

Transferarbeit ist Prozessarbeit. Lernen benötigt den Spannungswechsel und kann nur stattfinden, wenn es auch Ruhe- und Reflexionsphasen gibt. Deshalb ist die Transferarbeit ein ganz wesentliches Element, um ein wirkliches Erfahrungslernen und Veränderungen zu ermöglichen.

Der Weg ist dem Transfer wichtiger als das Ziel.

Die Standardelemente im Training müssen ergänzt werden durch deutlichere Zielvereinbarungen, Begleitmaßnahmen (wie z.B. Coaching) und die Planung von Umsetzungsschritten.

Für die Teilnehmenden beginnt nach dem Training der Umsetzungsprozess, in dem sie die Unterstützung und Begleitung durch die Führungskraft oder durch Externe (Coaching) gut gebrauchen können. Der Trainierte betritt das Unternehmen bereichert. Er kann diesen neuen Reichtum aber nur dann zum Nutzen des Unternehmens einsetzen, wenn er dort einen deutlichen Willen und genügend Raum zum Erproben, zur Anpassung und zur Weiterentwicklung seiner Erkenntnisse und Kompetenzen vorfindet.

Seminarteilnehmer sind nach dem Seminar in ihren Unternehmen `Pioniere in eigener Sache´: Sie müssen sich ihre Wege erst noch bahnen.

Unabdingbare Voraussetzung ist: Veränderung des Einzelnen und Weiterentwicklung der Organisation sind im Unternehmen wirklich gewollt.

6 T.reffend fortsetzen

„Das Leben geht weiter.
Manchmal weiter als erlaubt."
Karl Kraus

Wie setze ich treffend fort ...
... in Schlusssituationen?

Nach dem Essen stellt sich stets die gleiche Frage: Sofort den Tisch abräumen oder noch ein Weilchen vor den Tellern sitzen bleiben? Ganze Tischgesellschaften hat diese Fragestellung schon gespalten – da sitzen sich plötzlich `Abräumer´ und `Nachgeniesser´ gegenüber. Und so unterschiedlich diese beiden Vorgehensweisen sind, beides sind Formen des Abschiedes. Das zuvor genossene lukullische Ereignis hat ein natürliches Ende, das von jedem anders verarbeitet wird. Die eine braucht den ruhigen Ausklang, um sich von einzelnen Menschen und Situationen zu verabschieden oder die schönsten Momente Revue passieren zu lassen. Der nächste räumt ab, schafft Raum für Neues und nähert sich gedanklich der nächsten Aufgabenstellung: sei es nun der Nachtisch oder ein Espresso.
So oder so, ein Ende ist da. Fragt sich nur, wie es bewältigt wird ...

In diesem Kapitel geben wir Ihnen Anregungen:

- Warum ein deutlicher Abschied so wichtig ist wie ein guter Einstieg
- Mit welchen Schwerpunkten Sie ihre Abschiedssituationen gestalten können
- Welche Schwierigkeiten Ihnen in Schlusssituationen begegnen können

Leckerlis für Schlusssituationen

In Schlusssituationen können Sie:

- 'Trauer' aufgreifen,
- Systeme auflösen,
- Raum für persönliches Feedback geben,
- Perspektiven aufzeigen,
- die Gruppe zu Wort kommen lassen,
- auf Neues vorbereiten,
- durch einen motivierenden Kick erfrischen

und müssen

- einen Schlussstrich ziehen.

Am Anfang des Seminars war das Ziel, dass die Teilnehmenden sich schnell kennenlernen und als Gruppe zusammenwachsen. Diese Kontakte haben wir dann methodisch unterstützt und intensiviert, um eine offene und anregende Lernsituation zu gestalten.

Und nun: Das Ende! Es kommt unweigerlich und wird zum Abschied auf verschiedenen Ebenen:

- **Der individuelle Abschied**
- **Der Abschied von der Gruppe**
- **Der Abschied vom Trainer**
- **Der Abschied vom Thema**
- **Der Abschied vom Seminarort**

Ob und wie der Abschied angemessen thematisiert wird, hängt vom Trainer, der Trainingsform und dem Trainingsgegenstand ab. Ein EDV-Kursus für die neue firmeninterne Software benötigt ein anderes Ende als ein dreitägiges teamorientiertes Führungstraining. Bei Letzterem ist die Schlussphase zeitlich wie inhaltlich umfangreicher und sollte als eigene Einheit detailliert geplant werden.

Je nachdem, welchen Schwerpunkt wir unserer Schlusssituation geben wollen, wählen wir eine oder mehrere der folgenden Abschiedsvarianten:

Der individuelle Abschied

Der einzelne Teilnehmer verabschiedet sich von vielem:

- Seinen anfänglichen Erwartungen, die verknüpft waren mit der Hoffnung auf baldige Veränderungen,
- alten Einstellungen, Gewohnheiten und Verhaltensweisen,
- den im Seminar oder Workshop gemachten Erfahrungen,
- einzelnen Personen, denen er näher gekommen ist.

In Bildungsveranstaltungen braucht die Gruppe Raum für den individuellen Abschied. Jenseits von standardisierten Fragebögen sollte jeder Teilnehmer die Gelegenheit haben, frei zu äußern, was ihn bewegt. Dies gilt für das Positive, besonders aber auch für die belastenden Situationen, in denen der Abschied auch eine Befreiung sein kann, verbunden mit einem Gefühl der Erleichterung.
Die emotionale Entlastung ist dann ein wichtiges Moment mit dem Ziel, möglichst viel Ballast vor Ort zu lassen und nicht mit in Situationen zu tragen, in denen es originär nichts zu suchen hat, wie z.B. die Familie oder das Arbeitsumfeld.
Gerade in diesen kritischen Lagen suchen wir nach Methoden, die eine offene Äußerung zulassen und die TeilnehmerInnen über eine Hilfestellung zum Reden anregen. Die individuelle Aussage ist uns wichtig und auch der deutliche persönliche Standpunkt hierzu.

**REZEPT
für den individuellen Abschied:**

Landschaftsbilder-Reflexion

Auf einer Fläche werden die verschiedensten Landschaftsbilder ausgelegt. Jeder Teilnehmende nimmt sich das Bild heraus, welches den persönlichen Eindruck des Seminars am ehesten wiederspiegelt. Im Kreis sitzend zeigt jeder sein Bild und erläutert, was ihn dazu bewogen hat, dieses Bild auszuwählen.

6 T.reffend fortsetzen ... in Schlusssituationen

Der Abschied von der Gruppe

Viele Gruppen- und Trainingssituationen werden als geschützter Raum empfunden und der Abschied von der Gruppe verbindet sich mit der unbewussten Fragestellung, ob die nächste Situation, in die sich der Teilnehmer begibt, genauso tragfähig und wohlwollend ist. Die Kunst liegt darin, jeder Gruppe auch emotional ein individuelles Ende zu geben, d.h. ein Gefühl dafür zu entwickeln, welches Bedürfnis die TeilnehmerInnen nach Nähe und Distanz oder Themen- oder Gruppenbezogenheit haben. Die Gruppe hat sich als ein eigenständiges System zusammengefunden und etabliert, es gab gemeinsame Höhen und Tiefen, Frust und Erfolgserlebnisse. Die Gruppe hat verschiedene Phasen der Gruppenentwicklung hinter sich gebracht und einen bestimmten Nähe- oder Reifegrad erlangt.

Beendet man als Trainer eine solche Gruppensituation ohne Abschiedssequenz, so ist stets das gleiche Phänomen zu beobachten: Die Teilnehmenden gehen nicht auseinander, sondern bleiben im Raum oder vor der Tür und verabschieden sich ausführlich. Auch die Gruppe muss Abschied nehmen, sonst bleibt ein fahles Gefühl: es fehlt einfach irgendetwas ...

Ein herrliches Abschiedsspiel ist zum Beispiel `Allgemeines Schulterklopfen´, das wir gerne am Ende wirklich gelungener Trainings einsetzen.

**REZEPT
zum Abschied
von der Gruppe:**

Allgemeines Schulterklopfen

Die TeilnehmerInnen stehen im Kreis und legen ihre Hände dem jeweiligen Nachbarn auf die Schultern.

Die Spielleitung erinnert an die Inhalte des Seminars und betont die Tatsache, dass ein Lob ein wichtiges Instrument ist. Daraufhin klopfen alle gleichzeitig den jeweiligen Nachbarn auf die Schultern und loben sich gegenseitig mehrmals („Das haben wir aber gut gemacht!").

Der Abschied vom Trainer

Je nach Themenstellung und Vorgehensweise sind sich TeilnehmerInnen und TrainerInnen ebenfalls näher gekommen. Da gibt es mütterliche und väterliche Beziehungen, eher partnerschaftlich geprägte oder ein klassisches Lehrer-Schüler-Verhältnis. Als TrainerInnen sind wir auch Bestandteil des Prozesses, denn wir haben in verschiedenen Situationen interveniert und durch unsere Haltung die Atmosphäre und das Geschehen entscheidend mitgeprägt.

Diese Sonderrolle soll aber in der Auswertungssituation keinen besonderen Stellenwert erhalten, denn in den Mittelpunkt gehören die TeilnehmerInnen. Um ihrem Bedürfnis, auch von der Leitung Rückmeldung zu bekommen und verabschiedet zu werden, nachzukommen, geben wir folgenden grundsätzlichen Tipp: Bei allen Auswertungs- und Schlussmethoden in der Abschiedssituation gleichwertig mitmachen!

Das Aufräumen hat Zeit für später und wir zeigen uns präsent bis der oder die Letzte den Seminarraum verlassen hat.

REZEPT
zum Abschied vom Trainer

In der Schlusssituation bei allen Auswertungsschritten authentisch und engagiert mitmachen!

Der Abschied vom Thema

Auch das Thema muss abgeschlossen werden. Kein Thema ist in der oft kurzen Trainingszeit erschöpfend behandelt worden, es werden immer nur einzelne Aspekte betrachtet. Und dennoch: Aufgabe für uns als TrainerIn ist es, `den Sack zuzubinden´, d.h. mit dem Thema an einen Punkt zu gelangen, an dem die Teilnehmenden das Gefühl haben, dass ihre Fragen beantwortet sind und ein sachlicher Schluss hier sinnvoll ist.

Die TrainingsteilnehmerInnen erleben einen stimmigen Schluss dann, wenn:

- das Thema zu Beginn grob umrissen wurde,
- die Erwartungen der Teilnehmer ergänzt worden sind,
- Zusammenfassungen und deutlich abgegrenzte inhaltliche Schritte sichtbar wurden,
- ein Rückblick gehalten wurde

und

- eine passende Reflexion Lernerfolge deutlich macht.

Der Abschied vom Thema sollte den Eindruck hinterlassen, dass ein Berg erklommen und ein deutlicher Teil des Weges zurückgelegt wurde. Ein Gipfel wurde erreicht – auch wenn dahinter noch andere Berge sichtbar sind ...

Generell geeignet sind für den sachlichen Schluss spielerische Methoden und Vorgehensweisen, die einen auswertenden Charakter besitzen. Das nebenstehende Beispiel zeigt, wie ein Spiel den Anforderungen an einen sachlichen Schluss gerecht werden kann.

Das `Endlos-Lernspiel´ passt sich dem Thema variabel an, denn die darin gestellten Fragen können den tatsächlich behandelten Themen angeglichen werden. Als TrainerIn bereite ich erst einmal alle Fragekarten vor und setze im Spiel selbst dann nur diejenigen ein, die von Bedeutung sind.
Ein weiterer Vorteil dieses flexiblen Spiels ist die variable Dauer. Es kann wahlweise 5, 10 oder 15 Minuten gespielt werden.

**REZEPT
für den Abschied
vom Thema**

Endlos-Lernspiel

Die Spielleitung hat 15 – 25 Fragen zum Wissensgebiet ausgearbeitet. Die Fragen werden auf der Vorderseite von DIN A5-Karten groß notiert. Auf die Rückseite der Karten kommt die jeweilige Antwort. Die Karten werden dann so auf dem Boden ausgelegt, dass sie zusammen einen Kreis darstellen.

Ein TN beginnt, indem er die Spielfigur auf eine beliebige Karte im Kreis stellt. Dann würfelt er und setzt die Spielfigur entsprechend der Würfelaugen im Uhrzeigersinn. Die Frage auf dem so betretenen Feld wird vorgelesen und von dem Spieler beantwortet. Anschließend wird die Karte umgedreht und die Antwort vorgelesen. Die Karte wird dann mit der sichtbaren Antwort abgelegt. Nach einiger Zeit kommt die Spielfigur auf Felder, auf denen sich (zuvor umgedrehte) Antworten befinden. Hier muss dann die passende Frage gefunden werden.

Abschied vom Seminarort

**REZEPT
für den Abschied
vom Seminarort**

Die TeilnehmerInnen erhalten Postkarten mit dem Motiv des Tagungshauses, des Ortes oder der Landschaft und adressieren diese an sich selbst.
Dann erhalten sie 5 Min. Zeit, um die freie Seite auszufüllen: Dort können Sie das Seminar beschreiben, ihre Stimmung, Lernerfolge oder sich selbst einfach nur grüßen.
Die Seminarleitung sammelt die Karten ein und stellt sie den TN nach 4 – 6 Wochen zu.

Der Arbeitsplatz Seminarraum wird ebenfalls verlassen. Es ist ein Ort, an dem individuelle und kollektive Erlebnisse stattgefunden haben und der durch seine Gestalt die Atmosphäre geprägt hat.

Den Seminarraum verlassen, das bedeutet auch, sich von einem Ort zu entfernen, der wertvolle Impulse oder Veränderungen der Persönlichkeit begleitet hat. Es war also nicht nur ein Konferenzraum im Hotel, sondern ein Platz, der von einem Trainer gestaltet und den Teilnehmern für ihre Lernerfahrungen zur Verfügung gestellt wurde.

Oft sind die Räume im Zuge der Veranstaltung mit Arbeitsergebnissen dekoriert worden, die einen Wert darstellen, da sie von den TeilnehmerInnen produziert wurden und die entscheidenden Stationen im Ablauf der Veranstaltung dokumentieren. Der letzte Arbeitsgang heißt also: Aufräumen. Und zwar mit den Teilnehmern, wenn es viele selbstgestaltete Arbeitsergebnisse gibt. Falls diese nicht zentral dokumentiert werden, fragen wir die TeilnehmerInnen, ob sie Verwendung dafür haben. Weggeworfen wird, als Geste der Aufmerksamkeit, nichts, solange die Teilnehmenden im Raum sind. Neben dem gemeinschaftlichen Aspekt, hat das Aufräumen für uns Trainer den positiven Nutzen, schneller fertig zu sein. Und so manchem Teilnehmer wird erst bei dieser Aktion am Ende bewusst, wieviel Detailarbeit in solch einer Veranstaltung steckt.

Besondere Schwierigkeiten der Schlusssituation

Die Schlusssituation hat's in sich, denn hier können uns Phänomene begegnen, die während der Veranstaltung nicht sichtbar waren:

- unerfüllte Erwartungen werden deutlich,
- noch vorhandene Handicaps werden sichtbar,
- ein Erfolg hat sich nicht eingestellt,
- die im Seminar vorhandene Orientierung muss durch eigenverantwortliches Handeln ersetzt werden,
- ganz wichtige Fragen oder Themen sollen noch schnell beantwortet werden,
- urplötzlich muss doch ein Teilnehmer früher gehen,
- die Zeit ist einfach knapp ...

Zum Ende hin spitzt sich die Lage zu, es gibt eine Vielzahl von `Last Minutes´ und dadurch leidet der inszenierte Ausklang. Wenn die Zeit knapp ist, werden spielerische Aktivitäten als weniger zielführend angesehen, wodurch es am Ende oft holprig wird.

Hier hilft nur das rechtzeitige Einläuten des Endes. Erst recht bei mehrtägigen Seminaren ist die letzte Seminareinheit (nach dem Mittagessen) schon unterschwellig geprägt von einer Aufbruchsstimmung. Zuvorkommen kann man dem lediglich durch Planungssorgfalt und das von vornherein geprägte Bewusstsein: Das Ende hat schon am Anfang begonnen.

Stichwortverzeichnis

111 x Spaß am Abend 100
666 Spiele 100

A
Ablauf planen 56
Abschied vom Seminarort 240
Abschied vom Thema 238
Abschied vom Trainer 237
Abschied von der Gruppe 236
Abschiedssituationen 94
Achtsamkeit 200
AGB-Shop 28
Aggressionen 162
Akademie Remscheid 27
Akquise 31
Allgemeines Schulterklopfen 236
Angemessenheit 142, 200
Angst 158
Animation 148
Anker 224
Ansprache 189
Antihaltung 166
Arbeitskatalog der Übungen und Spiele 103
Aufgaben der Spielmoderation 175
Ausbildung 27
Ausgangspunkt 83
Ausgewogenheit 200
Auswahl von Spielen 97
Auswertung mit Metapher 215
Auswertungsebenen 212
Auswertungsrezepte 213
Autorität 176

B
Baer, Ulrich 62
Bamboleo 79, 226
Bartl 145
Behinderte 160
Beraterkarten 104
Bezugsquellen für Spielmaterialien 145
Blindes Wüten 192
Blue Edition 104
Brainstorming 50
Brettspiele 115

C
CI 33
Co-Moderation 188
Crearctiv 105

D
D.A.R.T. 29
Das Bleistiftspiel 178
Das Fünfzehnminutentheater 100
Das Käsebrett 79
Das leichte Tuch 128
Das Methoden-Set 100
Das Schachbrett 142, 214
Das T. 104
Denk-, Lern- und Wissensspiele 87
Der andere Tisch 127
Der ausschweifende Blick 129
Der besondere Stuhl 127
Der große Eierfall 121, 122
Der individuelle Abschied 235
Der kreative Kick 100
Der universelle Koffer 129
DGSL 28
Die belebenden Pflanzen 128
Die Brücke 105
Dinge nicht in die Reihe bekommen 193
Distanz 169
Dogmatismus 191
Dots 105
Drauflosspieltheater 101
Drehbuch 134
Dreiecks-Effekt 11
Durch Geräusch leiten 91

E
E.ffektiv informieren 59, 71, 97
E.ngagiert handeln 147, 155, 173
Echtzeittyrannei 231
EGO-Sensor 190
Einfachheit 45
Einladung 73
Einrichtungsgegenstände 121
Einwand-Standpunkt 227
Einwände und Reaktionen 37
Electric Maze® 105
Emotionale Entlastung 164, 210
Emotionen 162
Empfehlenswerte Spiele 79
Endlos-Lernspiel 239
Entwicklungsspiel 105
Erfolgreich Ideen finden 101
Erkenntnisbaum 229
Ermöglichungsdidaktik 68
Erzählfaden 94

Evaluation / Schluss 94
Experimentierfreude 150

F
Falsch eingeschätzte Stimmung 180
Fassaden 162
Feedback-Spiel 94, 106
Fertige Lernspiele 104
Fertigmenue 52
Figurenkabinett 106
Flussüberquerung 226
Freiflächen, Foyers, Außenflächen 119
Friesenschach 79

G
Galgenbalance 79
Geländer 174
Geo-Würfel 79
Gesellschaftsspiele 116
Gestalten und Impulse geben 176
Gestaltungsspielräume 176
Green Edition 106
Grenzen 64
Großer Preis 87
Gründe, Spiele einzuplanen 63
Gruppentraining 101

H
Haufenweise 77
HDI-Puzzle 106
HDI-Spiel 106
Höhepunkte 183

I
Ich-Botschaften 161
Idee-Praxis-Einwand 227
Info.bazar 107
Informationspräsentation 82
Ins Blaue kochen 51
Inszenario 107
Interaktion 90, 101
Interpretationsspielräume 181

K
Kartenspiele 114
Klappenspiele 79
Klärung 158, 163
Kleben am Rezept 191
Knobel- und Problemlösungsspiele 80
Know-how 24
Kochen streng nach Rezept 50

Koffer packen 229
Konfliktmanagement 164
Kooperative Abenteuerspiele 101
Kooperative Spielaufgaben 88
Kreativ lehren und lernen 101
Kreativ sein kann jeder 101
Kubi-Box 107

L
Labbé 145
Labyrinth zu viert 80
Landschaftsbilder-Reflexion 235
Leitungsrolle/-verhalten 162, 187
Lern-Ziel-Skala 229
Lernpartnerschaften 227
Liegende 8 80
Literatur zu Spielen 100
LudoCards 102
Ludus & Co. 102

M
M.O.S.E.-Brainstorming 51
Maßnahmenplan 230
Material vorbereiten 56
Materialien 137
Materialliste 185
Mein wertvolles Geschenk 226
Memo-Knubbelchen 226
Metapher 224
Metaposition 212
Methodensammlung 102
Mind-Map 50
Mini-Coaches 227
Motivierung 77
Musik 130
Muths, Guts 12

N
Namenjonglage 125
NetWork® 107
New Games 102
Nichtbeachten der persönlichen Distanz 179
Nicht erklären, machen 152

O
OH-Koffer 107
Orientierung 150
Ortswechsel 212

P
P.assgenau verarbeiten 86, 195, 209
Papierkorb 228

Pappnase & Co. 145
Partner-Kugelspiele 80
Persönliche Sinngrenzen 66
Pinguine und Reiher 78
Planspiel 88
Planung einer Rahmenhandlung 48
Planung zum Einsatz von Spielen 53
Potential Freundlichkeit 108
Praxis der Gruppendynamik 102
Pressekonferenz 141
Probedurchlauf 181
Prozessarbeit 232
Pyramid® 108

R
R.E.Z.E.P.T. – Modell 15, 17
R.ichtig anfangen 23, 41
Rahmen geben 175
Rahmenbedingungen checken 55
Rahmenhandlung 44, 135
Rainbow Action-Learning 108
Rainbow Training Equipment 145
Rasender Reporter 67
Raster von Auswertungsfragen 216
Rathert, Wolfgang 216
Raum-Inszenierung 122
Raumgestaltung 120
Red Edition 109
Reflection Cards 108
Reflecto 108
Reflexionsarbeit 216
Regeln 182
Renner, Hans Georg 215
Requisiten 127
Resultate 209
Rezeptbücher mit Rollenspielen 89
Ringpuzzles 80
Ritual 224
Robin Hood Versand 145
Roboterspiel 180
Rogers, Karl 60
Rollenspiel 88
Roter Faden 44
Rückenmalen 179
RUNDUM SEMINARE 28

S
Schatzkistlein 228
Scheuerl, H. 13
Schlüssel 73
Schlusssituation 233
Schockmemory 202

Schon wieder so ein Spiel? 169
Schriftliche Auswertung 214
Schulterklopfen 226
Schuppen 204
Schwierige Konstellationen 65
Schwierige Situationen 155
Schwierigkeiten der Schlusssituation 241
Seminarräume 118
Seneca 62
Servus-Spots 95
Serwiss 109
Simmerl 145
Skepsis 34
Skill GmbH 28
Solitaire 80
Später Kommende 159
Speed 109
Spiel abbrechen 180
Spiel unterbrechen 180
Spiel- und Kurshotel 28
Spielabläufe visualisieren 34
Spielbar 102
Spiele auswählen 177
Spiele in Bestsellern 98
Spiele: Der Punkt auf dem i 103
Spieleforum 206
Spielerklärung 181
Spielkompetenz 33
Spielmaterial erstellen 202
Spielmaterialien 34, 138
Spielmoderation 173
Spielregeln 181
Spielunlust 165
Sport Thieme 145
Sport und Olympia 46
Spots in Movement 95
Sprecher, Modell und blindes Huhn 35, 126
Steuernd eingreifen 180
Stimulanz 45
Streithähne 163
Stress 163
String Ball 226
Stringenz 182
Struktur 45
Systemidentität 200
Szenarien 217

T
T.reffend fortsetzen 219, 233
Tacheles 109
Talmid 221
TAM Spiele- und Methoden-Set 29, 102

Tangram	81
Team & Boss®	110
Team in Action	109
Teambörse	110
TeamTrek®	110
Theater-Werkstatt	103
Themen klären	53
Thomas, Carmen	218
Tischlabyrinth	81
TN boykottiert ein Spiel	166
Tonträger	132
Trainerauswahl	23
Transfer	92, 220
Transfer-Methoden	219
Transferarbeit	222
Transfermethoden	223
Transparenz	150
Traumberuf und Lieblingsessen	76

U

Übergänge	183
Überzogene Erwartungen	68
Unerfüllte Erwartungen	241
Ungenaue Spielanleitung	178
Unmögliche Situationen	64

V

Venditio I + II	110
Verantwortungsgefühl	176
Vergesslichkeit	194
Vernetzung	33, 36
Verständlichkeit	200
Verweigerung	164, 171
Vester, Frederic	61
Vier gewinnt	81
Viereckenspiel	75
Villa bossaNova	145
Virtual World	110
Visualisierung	161
Vorbild	154

W

Warming up	73
Was ist Spiel?	11
Was sollte das jetzt?	169
WEG & ZIEL	215
Wertschätzung	138
Wiederverwertbarkeit	200
WissensTangram	111
WOSE-Schaufenster	218
Würfelspiele	115

Z

Z.ielgerichtet inszenieren	117, 137
Ziele planen	54
Zielgruppe ergründen	54
Zugangskarten	111
Zusammenfassung	83

Axel Rachow Trainingspraxis

Axel Rachow (Hrsg.)
Spielbar
51 Trainer präsentieren 77 Top-Spiele aus ihrer Seminarpraxis
2000, 232 S., kt., als Karteikarten einsetzbar
46,00 EUR
Bestell-Nr.: TB-2784

Eine bunte Sammlung von Spielideen, direkt vom Anwender. Erfahrene Trainer stellen Spiele und Übungen vor, die sich in der Seminarpraxis bewährt haben und die sie selber häufig anwenden. Einsatzbereiche: Konflikt-, Kommunikations-, Kreativitätsmanagement, Gruppenprozesse erlebbar machen, spontanes Handeln, Standpunkte vertreten, Kooperationen einüben, Ausdrucksvermögen schulen, Evaluation.

Axel Rachow
Ludus & Co.
Didaktische Spiele für alle, die in und mit Gruppen arbeiten
3. Aufl. 2002, 232 S., kt., in Karteibox
49,90 EUR
Bestell-Nr.: TB-2027

Spielbeschreibungen und Beschreibungen zum Zubehör, zu Variationsmöglichkeiten sowie Anwendungsbeispiele für die verschiedenen Lernprozessphasen »warming up«, »Themen bearbeiten«, »Kooperation & Kommunikation«, »Motivation & Auflockerung«, »Wahrnehmung & Sensibilisierung« und schließlich »Auswertung und Abschluss«.

Axel Rachow (Hrsg.)
Spielbar II
80 neue Top-Spiele präsentieren 59 Trainer aus ihrer persönlichen Seminarpraxis
erscheint im März 2002
46,00 EUR
Bestell-Nr.: TB-3345

Axel Rachow
LudoCards
80 ergänzende Spiele zu Ludus & Co
2000, 232 S., kt., in Karteibox
49,90 EUR
Bestell-Nr.: TB-2746

Fortsetzung zu Ludus & Co. 80 weitere Spielbeschreibungen und Tipps zu folgenden Themenbereichen: »Darstellende Spielformen«, »Kreativitätsspiele«, »Teamspiele«, »Meinungen abklären« sowie »Rahmenprogramme gestalten«.

Kontakt:
managerSeminare
Gerhard May Verlags GmbH
Endenicher Str. 282
D-53121 Bonn
Tel: 0228-97791-10 • Fax: 0228-97791-99
Email: info@managerseminare.de